I0807439

¿Por dónde se sale?

Anabel Gonzalez

¿Por dónde se sale?

Cómo deshacer el miedo, aliviar el malestar psicológico y adquirir un apego seguro

Planeta

Obra editada en colaboración con Editorial Planeta – España

© 2023, Ana Isabel Gonzalez Vazquez

Iconografía: Grupo Planeta
Ilustraciones del interior: © J. Mauricio Restrepo, © Annet_ka / Shutterstock, © ann_ounce / Shutterstock, © alekksart / Shutterstock, © Maniki_rus / Shutterstock
Diseño de interior y maquetación: J. Mauricio Restrepo

© 2023, Editorial Planeta, S. A. – Barcelona, España

Derechos reservados

© 2023, Editorial Planeta Mexicana, S.A. de C.V.
Bajo el sello editorial PLANETA M.R.
Avenida Presidente Masarik núm. 111,
Piso 2, Polanco V Sección, Miguel Hidalgo
C.P. 11560, Ciudad de México
www.planetadelibros.com.mx

Primera edición impresa en España: abril de 2023
ISBN: 978-84-08-27046-1

Primera edición en formato epub: octubre de 2023
ISBN: 978-607-39-0734-7

Primera edición impresa en México: octubre de 2023
ISBN: 978-607-39-0724-8

No se permite la reproducción total o parcial de este libro ni su incorporación a un sistema informático, ni su transmisión en cualquier forma o por cualquier medio, sea este electrónico, mecánico, por fotocopia, por grabación u otros métodos, sin el permiso previo y por escrito de los titulares del *copyright.*

La infracción de los derechos mencionados puede ser constitutiva de delito contra la propiedad intelectual (Arts. 229 y siguientes de la Ley Federal de Derechos de Autor y Arts. 424 y siguientes del Código Penal).

Si necesita fotocopiar o escanear algún fragmento de esta obra diríjase al CeMPro (Centro Mexicano de Protección y Fomento de los Derechos de Autor, http://www.cempro.org.mx).

Impreso en los talleres de Litográfica Ingramex, S.A. de C.V.
Centeno núm. 162-1, colonia Granjas Esmeralda, Ciudad de México
Impreso en México – *Printed in Mexico*

ÍNDICE

Para los que navegaron
conmigo las incertidumbres.

INTRODUCCIÓN

ENTENDER EL MIEDO

A veces el miedo es muy evidente, notamos cómo nos impide pensar con claridad, cómo nos paraliza. Otras veces se esconde debajo de muchos disfraces: obsesiones que no nos podemos quitar de la cabeza, problemas físicos que parecen no relacionarse con nada, enojo o tristeza que nos dominan, aislamiento o dificultades para conectar con los demás. Por supuesto, podemos tener problemas con muchas emociones distintas, pero un elemento común de esas dificultades emocionales es el miedo a sentir, la falta de seguridad interna que nos impide manejar la vida. Cuando algo remueve nuestros miedos subterráneos, nos podemos refugiar en el control, la convicción o el empeño compulsivo en negarlo diciéndonos que nada en este mundo nos asusta. Sin embargo, el miedo nos acompaña desde siempre, y en este libro vamos a centrarnos en entender cómo funciona y cómo manejarlo.

A pesar de lo que podríamos creer, el miedo no es ni un problema ni nuestro enemigo: es una emoción sana que nos salva la vida y nos protege de los peligros. Por desgracia, en ocasiones lo vivimos como algo inmanejable, algo que nos bloquea, que nos impide vivir y disfrutar. El miedo se convierte para algunas personas en un incómodo compañero de viaje. Entender por qué pasa esto y, aún más importante, cómo cambiarlo, no es nada sencillo. Si el miedo nos desborda o está de fondo gran parte del tiempo, lo invade todo y nos impedirá hacer cambios en muchas otras áreas que podrían ser beneficiosas para nosotros.

En lugar de dejar lo mejor para el final, vamos a empezar con un *spoiler:* **la solución al miedo no es la calma, es la seguridad.** Si alguien se acercó a este libro esperando encontrar parches que hagan desaparecer mágicamente el miedo, capítulo a capítulo entenderá que la seguridad no nace de la magia, sino de la **reflexión.** Podemos tener momentos de relativa tranquilidad, pero si no contamos con (o aprendemos a hacer crecer) una sensación interna de seguridad, el miedo puede volver a apoderarse de nosotros fácilmente. Mientras que la calma es efímera, la seguridad echa raíces en el suelo y nos sostiene, incluso cuando el viento sopla fuerte.

La seguridad es un sentimiento interno de confianza, que está latente y nos acompaña tanto en los momentos de tranquilidad como cuando afrontamos dificultades y peligros. Hay cosas en la vida que hacen que nuestra seguridad se tambalee, pero yendo al fondo de nosotros logramos reconstruirnos, porque, pese a todo, esa sensación sigue ahí. Cuando vienen dificultades, podemos cargar nuestra batería de seguridad a través de la conexión con otras personas, sobre todo esos a los que llamamos «los nuestros», pero a veces también podemos absorberla de contactos fugaces con auténticos desconocidos. Muchas personas se obsesionan por hacer desaparecer el miedo, pero lo realmente interesante, porque además es a prueba de imprevistos, es hacer crecer la seguridad.

La seguridad, por tanto, no anula el miedo, porque **el miedo es necesario,** pero nos ayuda a que no se quede a vivir dentro de nosotros.

La seguridad también nos ayuda a sentir el dolor y a atravesarlo. A veces la vida duele, duele mucho, pero nuestra relación con esos inevitables momentos puede ser muy diversa. Si no hay seguridad, el dolor se vive con desesperación; podemos asustarnos de tal modo que hagamos cualquier cosa por no sentirlo de nuevo, gastaremos toda nuestra energía en pelear contra lo inevitable. Desde la seguridad, en cambio, el dolor puede experimentarse asociado a una sensación muy conectada con esta: la **serenidad.** Podremos así asumir una pérdida, llorarla hasta que se nos agoten las lágrimas, y después sentirnos en paz. El miedo no se genera solo por peligros externos, sino que puede activarse por lo que viene de adentro, y en general esto tiene que ver, de un modo u otro, con el dolor.

De modo que, si el miedo nos invade o nos desborda, no basta con aprender ejercicios de relajación. Sí, está bien tener recursos para calmarnos, pero aspiremos a más, busquemos la seguridad, la que nace de adentro, la que nos podemos llevar allí donde vayamos. Es posible que no la traigamos puesta, quizás no tuvimos de dónde aprenderla, pero la buena noticia es que puede sembrarse, puede crecer dentro de nosotros. ¿Cómo? Bueno, no podemos verlo todo en la introducción, ¿verdad?

A lo largo de este libro hablaremos un poco primero del miedo en sí, o de *los* miedos, más bien. Veremos algunas curiosidades sobre el miedo y luego exploraremos de dónde vienen los miedos aparentemente incomprensibles que a veces nos asaltan o que nos acompañan de modo permanente. Estudiaremos su funcionamiento y también veremos posibles consecuencias de que los mecanismos relacionados con esta emoción no funcionen adecuadamente y se expresen como problemas psicológicos o somatizaciones. Más adelante abordaremos la seguridad, la verdadera solución al miedo, y en profundidad un concepto esencial para entenderla: el apego. Un apego seguro se genera a partir las relaciones que nos aportaron cuidado y protección en la infancia y, en función de cómo hayan sido estas, nos relacionaremos con nuestro mundo emocional y con el de los demás. Aunque estas primeras relaciones hayan sido distantes, ambivalentes o dañinas, la seguridad puede adquirirse posteriormente y veremos maneras de ayudar a que vaya creciendo cuando no venimos con ella puesta desde pequeños. Todo esto lo ilustraremos a través de ejemplos con personajes (se colaron algunos de *Lo bueno de tener un mal día*) e intercalaremos ejercicios prácticos que nos ayudarán primero a deshacer los espirales de miedo y avanzar hacia la calma para, poco a poco, avanzar por el camino que lleva a la seguridad. No importa a qué altura estemos en este viaje, si estas páginas nos ayudan a dar pasos en esa dirección, el objetivo de este libro estará más que cumplido.

PARTE 1

¿QUÉ ES EL MIEDO?

EMPECEMOS POR EL PRINCIPIO

El miedo es una de las emociones básicas del ser humano. Todas las emociones son importantes y cumplen una función esencial, pero podemos decir que el miedo, literalmente, nos salva la vida: sin miedo, nuestra especie se habría extinguido hace mucho tiempo.

Como cualquier animal, los seres humanos contamos con una serie de sistemas internos que nos sirven para sobrevivir, y la señal central que activa esos sistemas es el miedo. Nuestro instinto de supervivencia percibe los matices de una situación potencialmente peligrosa con rapidez, sin que nos dé tiempo de ponernos a pensar. Estos mecanismos se ponen en marcha ante una amenaza y se desactivan cuando concluimos que no hay peligro. Por ejemplo, nuestro corazón se acelera cuando oímos un ruido mientras caminamos por la calle de noche, preparándonos por si tenemos que echarnos a correr, pero se calma cuando comprobamos que el sonido no venía de alguien dispuesto a atacarnos, sino de un gato que tiró una maceta. Durante un tiempo, nuestra respiración sigue acelerada, el pulso rápido, quizás notemos un sudor frío... Mientras caminamos se nos va pasando y, cuando llegamos a casa, es cuando realmente notamos alivio: ya estamos en un sitio seguro. Si tenemos un gato, cuando se nos acerque y nos ronronee en el sillón, pensaremos en el gato de la calle y nos saldrá una sonrisa: sabemos que los gatos son traviesos. El recuerdo se teñirá de seguridad y, ya pasadas unas horas, pensaremos: «Qué susto pasé»; poco a poco, los residuos de miedo se soltarán de nuestro cuerpo. Al día siguiente, después de dormirlo, nuestro cerebro probablemente habrá archivado el recuerdo en la sección de «posibles causas de ruidos en la calle».

Después, y aquí es donde la cosa se pone interesante, el cuerpo debería volver a un estado de tranquilidad: pasado el peligro, ya no tiene sentido que el miedo esté activado. Como veremos más adelante, a este proceso se le conoce como **extinción del miedo.** Y es aquí donde muchas veces empieza a haber problemas. A veces, nuestra forma de intentar solucionar las cosas es emprender una pelea contra lo que sentimos tratando de «vencer» o de «eliminar» el miedo. Esta estrategia no deja de ser una pelea contra nosotros mismos, y el miedo es algo tan intrínseco al ser humano que no puede evitarse. Es parte de la vida, debe surgir muchas veces (malo sería que no lo hiciera) y no nos queda de otra que aprender a convivir con él. Sí, claro que es una emoción desagradable, pero podemos aprender a pensar cuando estamos asustados y a poner los pies sobre una base firme y segura. Veremos a lo largo del libro por dónde se sale del miedo y por dónde se llega a la seguridad, pero tratemos primero de entender un poco mejor a nuestro compañero de viaje.

EL ORIGEN DEL MIEDO

Muchas veces nos asaltan miedos que parecen totalmente irracionales, a los que no les encontramos sentido, pero veremos que los mecanismos del miedo están muy estudiados y conocerlos nos ayudará a entender muchas cosas de nuestro funcionamiento. El miedo forma parte de nosotros desde mucho antes de que tuviéramos palabras; es uno de nuestros primeros compañeros de vida. Desde que nacemos necesitamos una alerta, un sensor que nos indique si hay algo que nos está generando daño. A veces no sabemos de entrada si una cosa puede o no resultar dañina, de modo que el miedo se activa instintivamente cuando notamos que algo se sale de lo habitual. Y, mientras no tengamos claro que no supone un peligro, la alerta no baja. En los bebés esta alerta se hace sonora y se convierte en un llanto que llama la atención de los adultos para que hagan algo y que a estos les resulta muy difícil ignorar. Llorar o buscar al cuidador es parte de lo que se denominan *conductas de apego,* que son los comportamientos de búsqueda de cuidado y protección, gracias a los cuales los bebés humanos sobreviven hasta su edad adulta. Cuando crecemos, el miedo sigue haciendo que nos protejamos y nos alejemos de lo dañino, esta vez ya por nuestros propios medios. Como ya dijimos, sin el miedo, nuestra especie se habría extinguido hace tiempo.

Sin embargo, esto que protege nuestra vida tiene también mucho que ver con lo que nos daña. Las respuestas de miedo, sobre todo cuando son intensas o se alargan en el tiempo, empiezan a poner a prueba a nuestra mente y a nuestro cuerpo. Hablamos entonces de **estrés,** y esto tiene que ver con diversos mecanismos y sustancias que se generan para activar a nuestro organismo y prepararlo para hacer frente a una amenaza o a un desafío. Nuestro corazón se acelera por si tenemos que salir corriendo, nuestros músculos se tensan y nuestra sangre se concentra en los órganos principales. En cambio, los procesos que pueden esperar, como la digestión, se interrumpen momentáneamente. Si la situación es extrema, la descarga de neurotransmisores (adrenalina y noradrenalina) y de hormonas del estrés (cortisol) será intensa.

Los efectos de todo esto son diferentes si se trata de una situación momentánea o prolongada. Si **el estrés es pasajero,** aunque podemos tardar un poco en recuperarnos, volveremos al punto de equilibrio. Si **la situación estresante se alarga en el tiempo,** el efecto de estas sustancias empieza a ser tóxico, el organismo se agota y todo el equilibrio comienza a alterarse. Nuestro sistema nervioso empieza a valorar que quizás la nueva situación está pasando a ser lo habitual y el modo en que están funcionando nuestro cuerpo y nuestra mente pasa a ser considerado el «nuevo equilibrio». Dicho de otro modo, nuestro organismo puede seguir permanentemente acelerado, estaremos «vueltos locos», siempre en alerta, a la defensiva. También puede pasar que el nuevo equilibrio sea un estado de agotamiento constante, un cansancio del que no nos reponemos, una incapacidad de reaccionar, un venirse abajo. Una vez que se instaura este nuevo modo de funcionar, este será el estado basal que nuestro sistema tomará como punto de referencia, y al que tenderá a volver. Quizás la vuelta al punto de partida no suceda espontáneamente, de modo que será necesario que nos ayudemos, que nos vayamos llevando hacia otro estado, reentrenando al organismo para que aprenda a quedarse donde nos interesa que esté.

Además, nuestra capacidad de adaptación tiene un límite y, cuando tenemos que convivir con un problema constante o que se repite una y otra vez, adaptarse puede consistir en estar desajustados. Si estamos en el campo de batalla, dormir profundamente o descansar despreocupados quizás no sea demasiado conveniente. El problema viene cuando la guerra se acaba, pero nuestro cuerpo y nuestro sistema nervioso no reciben la buena noticia. El miedo aquí pierde todas las referencias y se desboca.

¿Cómo se manifiesta esto?

- Podemos sentir miedo cuando no hay peligro alguno, como si nuestro organismo se pusiera siempre en lo peor, por si acaso.

- El miedo puede no guardar proporción alguna con el nivel del peligro: elementos mínimos hacen saltar todas las alarmas.

- También puede pasar lo contrario: llegamos a la anestesia, a no notar nada, a creer que no tenemos miedo alguno.

- Pueden aparecer respuestas extremas, inestables y erráticas: nos asustamos hasta de lo que nos puede hacer bien (como que alguien nos ayude), mientras quizás vivamos al lado de personas peligrosas sin poner enseguida límites de por medio.

En todos estos casos, nuestras respuestas se vuelven paradójicas y el miedo pierde su razón de ser. Entonces podemos pasar a ver el miedo en sí mismo como un enemigo, como un problema.

Y eso lo complica todo aún más, porque inicia una batalla perdida contra nosotros mismos.

Si las situaciones estresantes ocurren cuando el sistema nervioso se está configurando, en las primeras etapas de nuestra vida, nuestro cerebro se verá afectado por el estrés y pondrá en marcha mecanismos que estén en consonancia con el ambiente que nos rodea. **Es muy fácil que se formen patrones en la mente de un niño** y, si las situaciones de su entorno se mantienen en el tiempo, esos patrones se regresarán a su sistema habitual de funcionamiento. Desmontar todo eso después no es rápido ni fácil, pero puede hacerse si nos miramos con curiosidad, comprensión y paciencia.

EL MIEDO NUNCA ES NUEVO

Nuestro cerebro está constantemente aprendiendo sin que nosotros nos demos cuenta: establece conexiones entre esto y lo otro, compara situaciones y genera mapas que nos ayudan a orientarnos en una realidad que está siempre en movimiento. Cuando vemos algo que se sale de lo ordinario —y lo notamos porque nuestras emociones y sensaciones internas no nos resultan familiares o nos generan inquietud (uno de los parientes del miedo)—, **nuestro cerebro rápidamente buscará referencias.** Realmente, lo que percibimos está ya basado en nuestros esquemas previos, en esos mapas del mundo que hemos configurado a lo largo de nuestra vida, mapas hechos de conexiones entre experiencias que están enlazadas. Cuando lo que vemos es incierto o potencialmente amenazante, el enlace prioritario se establece a través de la emoción del miedo. Las experiencias que nuestro cerebro conecta quizás no tienen ninguna similitud lógica, nada en común, salvo las propias sensaciones que generan.

Esta conexión automática y no consciente puede hacer que nuestra respuesta resulte desproporcionada, incluso para nosotros. La intensidad de la reacción tiene que ver no tanto con el del peligro que tenemos enfrente, sino con el del **conjunto de experiencias enlazadas por el miedo.** Por ejemplo, si hace unos años alguien importante para nosotros murió en un accidente y además de pequeños tuvimos una caída aparatosa que asustó mucho a nuestros padres, cuando ahora suframos un accidente, nuestra respuesta emocional ante él puede ser más intensa de lo que se justificaría por la gravedad de lo que está pasando.

A veces, una de estas experiencias previas fue particularmente grave, pero nos resultó inasumible en aquel momento y pasamos por encima tratando de salir adelante. Cuando hacemos esto, más que superar la experiencia, la enterramos y, como veremos más adelante, **quedará latente** dentro de nosotros. Puede que pensemos en ella, sobre todo si no nos paramos lo suficiente, y que descartemos que pueda estar influyéndonos porque consideramos (desde la lógica) que es un tema resuelto.

Sea lo que sea a lo que nos enfrentamos, nunca será la primera cosa que nos dio miedo. El miedo es una de las primeras emociones que sentimos, es la más básica, la más primaria: es un elemento clave de la supervivencia.

Reflexionemos en el siguiente ejercicio:

Pensemos por un momento: ¿cuál es el **primer recuerdo de nuestra vida que estuvo asociado a una sensación de miedo**? El objetivo de este ejercicio no es sumergirnos en esta experiencia, sino tomar conciencia de las conexiones que pueden estar operando en nuestro cerebro.

No tiene que ser una experiencia grave, ni tampoco necesariamente algo que ahora mismo consideraríamos peligroso.

1. Detengámonos un minuto para hacer memoria y localicemos nuestra primera experiencia de miedo, la más antigua que podamos recordar.

2. Y ahora, **detengámonos un poco en el recuerdo,** veamos qué sensaciones notamos en el cuerpo y comparémoslo (tomándonos nuestro tiempo) con las que nos genera cualquier objeto neutro que tengamos a nuestro alrededor. ¿Es distinta? Entonces, probablemente ese recuerdo, aunque nos parezca insignificante, esté enlazado con nuestra forma actual de reaccionar ante el miedo. En muchos casos, esas reacciones se entienden mejor si nos remontamos al momento en el que empezaron.

3. A continuación, tomemos papel y lápiz y hagamos una línea de recuerdos asociados al miedo: podemos aprender mucho sobre cómo es nuestra relación actual con esta emoción y nuestra forma de reaccionar en las situaciones que nos la activan. Muchas cosas que ahora nos resulten desproporcionadas o incomprensibles pueden adquirir mucho sentido si añadimos esta perspectiva temporal.

¿EL MIEDO ES INNATO O LO APRENDEMOS?

En mayor o menor medida, todos los miedos van siendo modelados desde muy temprano por lo que sucede a nuestro alrededor. Sin embargo, es imposible negar que el origen de muchos miedos es innato: están grabados en nuestros genes, porque resultan importantes para la supervivencia de nuestra especie. Algunos de los más comunes son los siguientes:

- **Miedo a los ruidos fuertes.** No sabemos si pueden implicar peligro, pero, de entrada, nos sobresaltan y enseguida miramos a ver de qué se trata. Quizás por ello a muchas personas les asustan las tormentas, y tiene sentido que sea así, pues el miedo nos lleva a buscar refugio.
- **Miedo a la oscuridad.** Es frecuente en muchas personas, pero ¿por qué está guardado en nuestro genoma? Los humanos somos una especie diurna y nuestro organismo no está demasiado adaptado para la noche, así que no sería muy conveniente que nos sintiéramos cómodos caminando despreocupadamente en la oscuridad.
- **Miedo a las alturas y caídas.** Aparece cuando empezamos a ser capaces de gatear o caminar y de movernos por el entorno. Si además nos caímos y nos hicimos daño, la cosa empeora, pero no es necesario haber tenido estas experiencias para que se produzca. Lo adquirimos en mayor o menor medida desde el momento en el que empezamos a detectar la profundidad.
- **Miedo a los extraños.** Aparece también a partir de los seis meses, cuando ya identificamos quiénes son nuestras perso-

nas cercanas, las encargadas de cuidarnos y protegernos. Alguien no familiar puede ser una amenaza, así que, por si acaso, nuestro organismo se pone en alerta.

- **Miedo a la pérdida de los vínculos.** Los recién nacidos, como vimos, no pueden sobrevivir solos, y la separación de las figuras de apego es una amenaza de alto grado para un niño, por lo que es normal que genere miedo. De hecho, la falta de presencia emocional puede provocar una reacción similar. En un estudio clásico, el experimento de la cara inexpresiva o *Still Face,* Edward Tronick mostraba lo angustioso que resulta para un bebé que la cara de su madre pierda toda expresión durante unos minutos. Los miedos intensos a la separación surgen con frecuencia en algunas etapas del desarrollo evolutivo del niño, sobre todo entre los dos y seis años de edad.
- **Miedo a determinados animales.** Es frecuente el miedo a pequeños animales como arañas y serpientes. El que muchos sean venenosos explica por qué evitarlos forma parte de nuestra sabiduría evolutiva. También instintivamente la imagen de un depredador puede generarnos miedo.

Sería aconsejable cambiar con los niños la típica frase de: «Vamos, no tengas miedo» por algo del tipo: «Ya sé que te da un poco de miedo, pero yo sé que puedes hacerlo», dándole la mano o acompañándolo. Aunque el sentido de las dos frases es el mismo, decirle a alguien «No sientas lo que estás sintiendo» puede tener un efecto negativo.

Veamos algunos ejemplos en los que el adulto puede funcionar como regulador del miedo en los niños:

Noa tiene cinco años y se asusta por las tormentas, y su abuela Marisa no puede tranquilizarla, porque a ella también la aterrorizan. Cuando Marisa era niña, un árbol aplastó el establo de su casa y mató a varios animales. Con algunos de ellos había establecido un vínculo especial y, aunque sus padres se lamentaron del perjuicio económico, para ella todo aquello tuvo mucho más significado. Fue la primera vez que tuvo conciencia de que la muerte existía. Ahora, cuando su nieta se asusta de las tormentas, en cierto modo ella deja de ser la abuela con toda la sabiduría que le dio la vida y se siente como una niña asustada que no tiene palabras, que no sabe calmarse ni calmar.

Fabio tiene miedo dentro de su propia casa. Desde hace muchos años tiene síntomas de un trastorno mental que llamamos *esquizofrenia*, que hace que viva muchas cosas como amenazantes, y en particular como amenazas dirigidas a él. Al principio sentía que la gente por la calle lo miraba con malas intenciones, que murmuraban sobre él, y tenía frecuentemente la sensación de que alguien lo seguía. Con el tiempo y con ayuda, fue entendiendo mejor lo que le pasaba, y se fue dando cuenta de que su cerebro conectaba demasiadas cosas que lo llevaban a interpretar así la realidad. La medicación redujo esta hipersensibilidad y lo ayudó a filtrar un poco lo que venía de afuera. Sin embargo, ni siquiera con el tratamiento lograba sentirse tranquilo. Hiciera lo que hiciera, estaba convencido de que sus vecinos lo espiaban. Cada vez que los oía hacer un ruido, sentía que iban a bajar a su casa a hacerle algo. Las raíces de este miedo no tenían nada que ver con sus vecinos, que apenas conocían a Fabio ni sabían de los pensamientos que lo atormentaban, sino con recuerdos muy antiguos. Cuando describía sus sensaciones actuales decía sentirse vulnerable, como pequeñito. «¿Te recuerda a algo esa sensación?», le pregunté. Me contó entonces una escena muy significativa, en la que, siendo muy chiquito, sus padres lo dejaron al cuidado de sus dos hermanos menores, no sin advertirles que no dejaran entrar a nadie, ya que había gente muy mala que les podría hacer daño. Los niños estaban en casa aterrorizados, pendientes del más mínimo ruido. Cuando oyeron llamar a la puerta, corrieron juntos a la habitación de Fabio, donde pasó una eternidad de tiempo inundado de miedo. Cuando recordaba ese momento conmigo, todavía lo sentía.

Las experiencias que influyen en cómo regulamos el miedo no tienen que ver solamente con aquellas cosas que nos asustaron, sino también con cómo hemos visto que nuestras personas de referencia, los adultos, lo manejaban. Para Fabio, su primera experiencia tenía que ver con pasar miedo, pero en el primer ejemplo de Noa, probablemente ver a su abuela, el adulto al que podría ir a buscar seguridad, muerta de miedo, tuvo un impacto igualmente importante. Para entender mejor esto, hagamos aquí otro ejercicio de reflexión.

Antes estuvimos pensando en el primer recuerdo asociado al miedo. Busquemos ahora por otro lado:

- ¿Cuándo fue la primera vez que vimos a alguien asustado?

- Pensemos en expresiones de miedo en las personas más relevantes de nuestra vida (en el buen o en el mal sentido) y remontémonos a la primera de todas.
- ¿Esas personas estaban con frecuencia atemorizadas? ¿Parecían no tener miedo a nada? ¿Qué cosas les asustaban?
- ¿Vemos alguna conexión entre sus miedos y nuestros miedos?

Recordemos en todo momento que el objetivo no es sumergirnos en los recuerdos, sino tomar conciencia de esas conexiones que están ahí.

Si los recuerdos con los que nos conectamos son difíciles, hablemos de ellos con alguien. Visitar nuestra historia en compañía de una persona que nos entiende cambia un poco los recuerdos, porque iremos asociando ese miedo a compañía y comprensión. Los miedos antiguos, vistos desde ahora, se pueden hacer más pequeños. Si es un recuerdo de la infancia, es tan importante entender las emociones infantiles (nos sentimos más pequeñitos, no tenemos aún perspectiva para muchas cosas, dependemos de los demás para afrontar nuestros temores) como mirar ese momento desde el adulto que somos ahora, con más o menos recursos, pero siempre con más posibilidades que las que tiene un niño. Es fundamental **ventilar** las emociones de entonces con los pies bien firmes en el momento presente. A veces, imaginarnos como adultos ayudando a ese niño, como sentimos que hubiera sido necesario, puede ser reparador. **No podemos cambiar nuestra**

historia, pero sí podemos cambiar las sensaciones que nos sigue generando.

Ahondemos en el miedo a la oscuridad

Lucas tiene tres años y empezó a tener miedo a la oscuridad. Se ha hecho un poquito más autónomo respecto a cuando era un bebé totalmente dependiente de los cuidados de su familia, pero está muy lejos de la independencia de un adulto, por lo que se siente indefenso y desorientado. Cuando cae la noche y ya no puede ver lo que hay alrededor, pierde sus referencias, la sensación de peligro aumenta y además la base segura que le dan sus padres y su abuela no está a la mano, porque está durmiendo solo. ¿Por qué le pasa esto?

Los niños pasan por una etapa en la que predomina el pensamiento mágico (del que hablaremos con mayor profundidad más adelante). En ella confunden todavía la realidad con la imaginación, y su imaginación es muy poderosa. Si en su mente aparecen monstruos malvados, los viven como absolutamente reales. Este miedo a la oscuridad suele aparecer en uno de cada tres niños, en torno a los tres años, y va disminuyendo hacia los ocho o nueve años.

Los miedos infantiles pueden incrementarse si los padres son inseguros y se angustian viendo sufrir a sus hijos. Por supuesto, a ningún padre le gusta ver a su hijo pasarla mal, pero si estos padres tienen una sensación interna de seguridad, podrán acompañar al niño cuando la pasa mal, contenerlo, abrazarlo, darle tiempo y transmitirle poco a poco la calma que necesita. Trabajar en la propia seguridad es algo muy productivo para nuestros hijos, mucho más que aprender cien mil «pautas de crianza», pero si no es nuestro caso, no nos torturemos por ello, estamos a tiempo de aprenderlo. Nadie elige sentirse inseguro y, aunque sea así, recordemos que siempre seremos los mejores padres de nuestro hijo, porque somos *sus* padres. Aun con la máxima seguridad en uno mismo, los niños pasan por etapas que van cambiando a lo largo de los años, y nuestro trabajo es sostenerlos en ese proceso. No hay una frase o pauta mágica que haga desaparecer un miedo infantil, pero sí muchas cosas que podemos hacer para aportar calma y alimentar la seguridad.

A veces los miedos no aparecen porque sí. En ocasiones la oscuridad nos asusta porque en la oscuridad pasaron cosas que nos resultaron aterradoras. Por ejemplo, si un niño escuchaba por la noche discusiones con su hermano, que llegaba tarde a casa, aunque las discusiones hayan terminado hace años, con el tiempo el miedo se quedó ahí. O pasaron cosas en la escuela que lo atemorizaban y, al irse a la cama, cuando las distracciones desaparecían, es cuando le venían los temores tomando distintas formas. Por ello, aunque sepamos que algunos miedos son normales en los niños, es bueno que tratemos de averiguar siempre si hay detonantes que nos ayuden a comprender si tienen otro posible origen. Estas circunstancias no son siempre evidentes. Por ejemplo, el niño puede haber visto una película de miedo o una noticia en la televisión y quizás no hable de ello si no se le pregunta específicamente. Con muchos niños más retraídos no basta con preguntar: «¿Te pasa algo?», sino que debemos propiciar una conversación hablando de que es normal tener miedo de la oscuridad, que a veces nos asustamos por algo y que luego nos da miedo todo, y comentar posibles cosas que creamos que puedan haber influido. Por ejemplo, si están hablando en la escuela de alguna guerra, el niño puede hacerse preguntas y generarse en su mente fantasías terroríficas, que pueden deshacerse si vamos hablando de ello.

Los miedos a la oscuridad no son patrimonio de los niños pequeños. Muchas veces no desaparecen con la edad o se reagudizan en los adultos cuando algo los conecta con etapas complejas de la infancia. El pensamiento mágico típico de cuando somos pequeños puede persistir en muchas personas más allá de esas edades, hasta el punto de que dan el mismo valor a lo que imaginan y a lo que sucede de verdad. Si piensan que va a pasar algo catastrófico es igual o peor que si hubiera ocurrido. Lo que ocurre en su mente lo viven con gran literalidad.

Veamos el siguiente ejercicio:

Si el miedo a la oscuridad nos acompaña desde pequeños, podemos hacer un viaje en el tiempo. Es importante, al principio, hacerlo durante el día y en un lugar en el que podamos ver la luz del sol.

- Pensemos en nosotros de pequeños, en nuestros temores principales y en qué hubiéramos necesitado de los adultos. ¿Qué habríamos hecho nosotros? ¿Cómo ayudaríamos a un niño que estuviera asustado? ¿Le diríamos algo o simplemente lo abrazaríamos? ¿Nos quedaríamos a dormir con él?

- Ahora imaginémonos como adultos, cuidando a ese niño que fuimos, abrazando su miedo, dejando que sienta que no está solo, que estamos ahí. Si al imaginar esto notamos algo del miedo de ese niño, pongamos la mano sobre la zona del cuerpo donde percibimos la sensación y cuidemos de ella, como si el niño estuviera ahí.
- Como siempre que queremos que un aprendizaje se refuerce, repitamos este ejercicio varias veces. Luego empecemos a probar alguna vez por la noche. Aquí es normal que sintamos más miedo, pero observemos ese miedo en el niño y centrémonos en nuestras capacidades de adulto. Imaginémonos cuidando del niño, aunque estemos un poco asustados.
- Ahora tomemos a ese niño de la mano y abramos los ojos dentro de la oscuridad. Quizás nunca nos hemos dado la opción de hacerlo. De ese modo, podemos irnos acostumbrando a un entorno poco iluminado y, como los gatos, ir aprendiendo a distinguir detalles y a discriminar lo que hay alrededor. Volveremos a tener referencias y nos sentiremos más seguros. Al afrontar la oscuridad, la realidad predominará frente a la fantasía y nuestra percepción cambiará.

El miedo a la oscuridad puede no tener relación con los temores infantiles. Quizás incluso solo con cerrar los ojos la persona experimente una fuerte ansiedad porque con los ojos cerrados no puede controlar el entorno, y eso le genera angustia. A veces la oscuridad nos deja en manos de nuestros fantasmas y no nos gusta pararnos a escucharlos. Ninguna de las cosas que experimentamos los seres humanos tiene detrás una única causa. Si no la pasamos bien en la oscuridad, es interesante entender con qué nos conecta. Comprender lo que nos pasa siempre nos abre posibilidades.

¿POR QUÉ A ALGUNAS PERSONAS LES GUSTA EL MIEDO?

Generalmente en la vida un extremo acaba siendo tan problemático como el otro. Mientras unas personas encuentran intolerable sentir miedo, otros buscan activamente esa sensación, subiéndose en montañas rusas, viendo películas de miedo o lanzándose del *bungee.*

Lo cierto es que la excitación de nuestro organismo generada por el miedo hace que se segregue una sustancia denominada **dopamina,** muy vinculada a las sensaciones de placer y, también, a los procesos adictivos. Daniel Lieberman y Michael Long explican extensamente todos los procesos relacionados con este neurotransmisor en su libro *Dopamina.* Esta molécula tiene que ver con desear cosas, y ese deseo se convierte en un impulso que nos lleva a conseguir esas cosas. Mientras estamos en este proceso, sentimos una gran excitación, y cuando lo alcanzamos, experimentamos placer. También es cierto que ahí se acaba todo. La dopamina se desentiende del asunto en cuanto llegamos a puerto y ya no influye en que disfrutemos o no de lo conseguido. Paradójicamente, muchas veces no disfrutamos de lo que tanto habíamos deseado.

La dopamina nos lleva a buscar siempre nuevos estímulos y tiene que ver con los procesos de motivación. Pero todo tiene sus pros y sus contras, y estas sensaciones también entran en juego cuando nos hacemos adictos a algo. Nos enganchamos en la sensación de búsqueda de ese algo, aunque cuando lo consigamos el efecto placentero se esfume rápidamente o ya ni siquiera lo alcancemos, porque ya nunca volvió a ser como al principio. Esta excitación puede convertirse en algo prioritario.

Con una película de miedo, aquellos a los que les gusta segregarán mucha adrenalina, estarán muy activados y estimulados, y cuando todo se resuelve experimentarán un gran alivio y una calma que pocas veces se siente tan intensa. Liberarán, como ante cualquier situación con un punto doloroso, endorfinas, que son anestésicos naturales de nuestro organismo, de la misma familia que la heroína. Y también se liberará dopamina, que como ya vimos está muy ligada a la búsqueda de estímulos placenteros y también a la adicción. Por todo esto, ver películas de miedo resulta adictivo, y consideraremos que la película es realmente buena cuando «da mucho miedo».

Por supuesto, el cerebro humano no es tan simple. La misma sustancia puede producir efectos distintos en diferentes zonas de nuestro sistema nervioso. La dopamina se relaciona también con la extinción del miedo. Detectar que ya no hay peligro donde nos temíamos encontrarlo es algo placentero, y esa es la especialidad de la dopamina. También se ha visto en estudios de laboratorio que, cuando hay más dopamina, los animales pueden escapar de los estímulos negativos haciendo algo, son más capaces de reaccionar. Por ello, cuando nos enfocamos intencionalmente en los indicadores de seguridad (una mirada amable) o en el momento en el que terminó un peligro (cuando cerramos detrás de nosotros la puerta de la casa donde vivimos situaciones difíciles), estamos estimulando este tipo de respuestas, estamos ayudando a nuestro organismo.

Sean cuales sean los mecanismos de esta adicción al miedo, los que la experimentan no necesariamente se definen así: se declaran apasionados de los deportes de riesgo, de trabajos cargados de adrenalina y de las sensaciones fuertes. Para ellos el miedo se llama *subidón* y lo sienten como un estado emocional positivo. Lo cierto es que esto pasa con todas las emociones humanas, aunque sean teóricamente no placenteras. Hay quien crece en el enojo y se siente más cómodo en esa emoción que en alguna otra. Para otros, la melancolía es territorio conocido y sienten que la vida ahí es más profunda o auténtica. Algunas personas encuentran placer en el dolor o buscan en él la calma que no pueden alcanzar de otro modo. Lo mismo ocurre con el miedo. Los humanos somos seres complejos y sofisticados, ninguna interpretación simple podrá explicar cómo experimentamos la vida.

LA VALENTÍA ESTÁ SOBREVALORADA

El actor Errol Flynn encarnó en la película *Murieron con las botas puestas* una versión novelada de la vida del general Custer. El general funcionaba bien afrontando los peligros de la guerra, pero no las emociones de la vida cotidiana, que anestesiaba con bebida. En numerosas ocasiones, su «valentía» lo metió a él y a la gente que lo rodeaba en grandes problemas. El comportamiento del protagonista de esta épica historia se definió como valeroso, pero el sentido común y la prudencia (parientes del miedo, ya que nos ayudan a tomar precauciones razonables y evitar peligros) le habrían sentado mucho mejor.

Lo cierto es que **el miedo es una emoción con mala publicidad .** Cuando hay que luchar por la supervivencia, aquellos a los que les toca adoptar un papel activo en la defensa del grupo (soldados, policías, etc.) necesitan un mayor control sobre el miedo. Muchas veces tienen que ir en contra de su instinto de supervivencia y arriesgar su vida, incluso cuando tienen muy pocas posibilidades de salir airosos. Para que las personas se animen a arriesgar la vida, el papel de los guerreros o los soldados protectores debe ensalzarse y honrarse.

Sin embargo, las razones que muchos individuos tienen para arriesgar la vida en una guerra o en una profesión de riesgo pueden ser otras. Quizás para algunas personas la vida no es un bien muy valioso y que acabe no se siente como una pérdida, sino más bien como una liberación. Otros no buscan la muerte, pero sí la adrenalina que genera el riesgo y el peligro, y tienen tal adicción a estas sensaciones que las posibles consecuencias negativas no cuentan. A veces, las situaciones llevan a una gran desesperación, hasta el punto en que perder la vida ya no es lo peor que le puede pasar a uno. Ocurre también que el odio crece tanto que anula el miedo, y conseguir que el otro pierda, o acabar con él, se vuelve el único objetivo. De todos estos materiales se alimentan las guerras.

Cuando escribo este libro estamos saliendo de la pandemia y hay una guerra en Ucrania. Miles de desplazados por el conflicto han llegado a nuestras ciudades. Algunos se quedaron a luchar, otros decidieron salir. El miedo es sin embargo una emoción compartida por todos. Para los que se quedaron en Ucrania, el miedo a lo que representaría una invasión de su hogar fue mayor que el miedo a perder la vida. Los que sacaron de allí a los niños temieron que la guerra destruyera no solo su presente, sino también su futuro. Los soldados y los ciudadanos rusos no han sido seguramente ajenos al miedo que nos activa la vida cuando el suelo tiembla debajo de nuestros pies. Nada es más aterrador que el daño innecesario que nos podemos llegar a generar los seres humanos.

Aunque algunas personas corren hacia donde está el peligro, nadie es inmune al miedo. Recuerdo a un colega que trabajaba en centros de atención a personas que habían vivido traumas graves decir: «La guerra no mata, mata el estrés postraumático». En muchas guerras modernas, donde el combate cuerpo a cuerpo no es el principal elemento de lucha, mueren más soldados por suicidio a consecuencia de sus traumas psicológicos que por la guerra en sí. Exponernos a un miedo extremo bloquea por completo la capacidad del cerebro para procesarlo, y las secuelas pueden durar años.

EL MIEDO COMPARTIDO

De lo que tengo miedo es de tu miedo.
William Shakespeare

Las emociones no afectan solo a los individuos, sino también a los grupos. Es conocido el término de *pánico* o *histeria colectiva*, y nos vienen fácilmente a la mente imágenes de películas en las que masas de personas aterrorizadas arrasan con todo a su paso. Cuando hay un peligro que impacta sobre un grupo, se disparan también los mecanismos de supervivencia. La lucha y la huida, como veíamos, son las respuestas activas primarias, y quizás pensemos que el «sálvese quien pueda», aunque sea pisándole la cabeza al de al lado, es la respuesta instintiva predominante. Anthony Mawson señala, sin embargo, que las expresiones de ayuda mutua también son comunes y a menudo más frecuentes que las individualistas. En no pocas ocasiones, la huida colectiva puede retrasarse tanto que la supervivencia de los individuos se ve amenazada. Es decir, los seres humanos ponemos nuestra vida en riesgo por ayudar al otro, también de modo instintivo.

De hecho, la respuesta típica a una variedad de amenazas y desastres no es huir, sino buscar la proximidad de personas y lugares conocidos. En los niños esto se ve mucho más claro, ya que la separación de las figuras de apego es un factor estresante mayor que el peligro físico. Se vio que los niños que habían vivido la guerra de los Balcanes presentaban síntomas postraumáticos en mayor medida cuando no habían tenido una figura de apego seguro con ellos durante todo ese periodo. Los vínculos de apego son un colchón ante la adversidad y un recurso esencial ante el miedo. Más adelante, veremos más en profundidad el papel clave del apego en el desarrollo de la seguridad.

Mawson explica que este buscar al otro ante el peligro puede entenderse si tenemos en cuenta que **los seres humanos funcionamos instintivamente de modo gregario, formando grupos de apoyo mutuo,** desde los cuales nos protegemos de las amenazas externas. Por eso somos mucho más sensibles al daño que viene de adentro de nuestros grupos de pertenencia que al que viene de fuera. Hay un **apego social** que nos permite sobrevivir e, incluso cuando escapamos de las llamas, lo hacemos buscando algún lugar familiar donde notemos sensación de seguridad, aunque objetivamente pueda suponer algún peligro.

Es decir, escapamos, pero siempre que sea posible lo haremos junto con el grupo al que sentimos que pertenecemos. Si podemos buscar refugio, lo hacemos junto a las personas que nos importan. Su cercanía nos transmite la calma que necesitamos en esos momentos.

Esto no significa que en los momentos críticos todos tendamos a ayudar al otro ni a recibir de buena gana su ayuda. En situaciones de amenaza intensa y repentina, podemos vernos sobrepasados. Por ejemplo, en un incendio, una cuarta parte de las personas tenderán a escapar, mientras que la mayoría harán cosas sin mucho sentido, desconcertados, y pueden ponérselo difícil a los bomberos que acuden a rescatarlos.

Como todos los mecanismos, los que se ponen en marcha con el miedo también puede tener sus puntos débiles. A veces, la seguridad que nos da estar con personas cercanas y en territorio conocido puede hacer que nos confiemos. Por ejemplo, se ha visto que las personas que en el trabajo tienen vínculos más estrechos reaccionan más lentamente ante una amenaza potencial que aquellos que no conocen a nadie en su entorno laboral. Es decir, si falta conexión, es más fácil que entremos en pánico, pero la reacción será también más inmediata. Otro posible efecto colateral de estos procesos es que, en situaciones de alto nivel de amenaza, podemos estrechar los lazos con «los nuestros» y con ello excluir y tolerar menos a «los otros». El miedo puede aumentar la radicalización y el conflicto social.

Todo esto que estoy contando lo vivimos en la época de la pandemia. En los primeros momentos, los gestos de solidaridad se multiplicaron y buscamos refugiarnos junto a los nuestros durante la cuarentena. Las actitudes insolidarias muchas veces no eran individualistas, sino colectivas. Por ejemplo, unos vecinos dejaron notas a una cajera de supermercado para que se fuera del edificio, considerándola un riesgo para la comunidad. La sociedad pasó por etapas de mayor radicalización, como los agresivos debates que se generaron entre antivacunas y partidarios de la vacunación, y negacionistas del COVID-19 frente a los que intentaban alertar de los riesgos que seguían presentes y de la importancia de las medidas de seguridad. Cada uno de los extremos funcionaba como un grupo, dentro del cual se reforzaban mutuamente sus creencias.

También vivimos en carne propia la importancia de **la información** en la gestión del miedo colectivo. Los fenómenos de histeria de masas no son tan frecuentes ni tan probables como solemos creer, aunque las imágenes que a veces vemos sean impactantes y se queden más en la memoria que las reacciones más productivas. De hecho, esta idea subyace a la tendencia de muchos gobiernos a ocultar información para que no cunda el pánico. Sin embargo, la falta de información y la información contradictoria, lo sabemos por experiencia, aumentan la incertidumbre, y esta es un poderoso factor alimentador del miedo. En nuestros días, esto se ve multiplicado por mil debido al efecto de las redes sociales. En momentos de alarma social, se necesita más que nunca una información contrastada, detallada y clara, que transmita una seguridad que pueda neutralizar el miedo y disminuir la incertidumbre.

PARTE 2

MIEDO, ANSIEDAD Y PÁNICO

¿EN QUÉ CONSISTE CADA UNA?

Empecemos comprendiendo bien y sabiendo diferenciar esas emociones que a veces tanto nos perturban y que están relacionadas de un modo u otro con el miedo. Miedo, ansiedad y pánico son tres estados emocionales que se parecen mucho, pero no son lo mismo. Podrían entenderse como **respuestas defensivas de intensidad creciente ante una amenaza.** Y hay algo clave que es necesario comprender desde el principio: no hace falta que exista una amenaza real, basta con que la percibamos como tal.

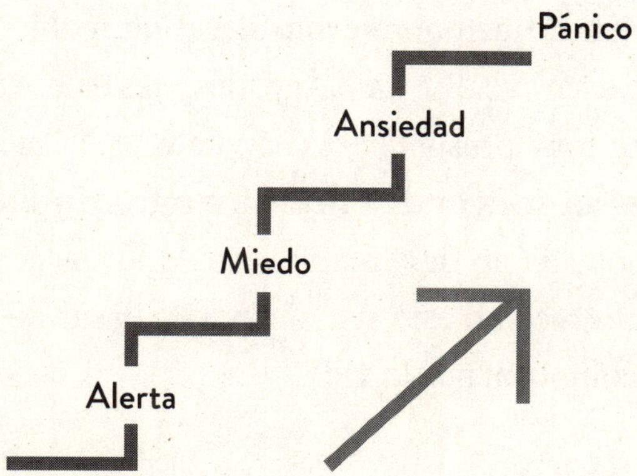

Veamos las dos primeras. El **miedo** es una respuesta repentina, intensa, pero pasajera. La **ansiedad,** en cambio, es una activación que se prolonga en el tiempo y suele acompañarse de aprensión y preocupación. **El miedo se activa ante un peligro que está ante nosotros,** mientras que **la ansiedad se proyecta al futuro.** Si vemos a un depredador, sentiremos miedo: «¡Me va a comer!», y, si conseguimos librarnos de él, quizás sintamos ansiedad y pensemos: «¿Y si vienen más?». Esto ocurre en automático, es nuestro propio organismo el que se encarga de hacerlo por nosotros. Imaginemos que estas dos reacciones no se activan: sin el miedo quedaríamos totalmente desprotegidos, nos acercaríamos al depredador porque no lo identificaríamos como peligroso, y si consiguiéramos salir vivos (sería de milagro, claro), sin algo de ansiedad no habríamos aprendido nada para el futuro, no tomaríamos ninguna precaución.

Sin embargo, como veremos varias veces a lo largo del libro, este sistema, diseñado para protegernos, puede evolucionar de modos que ya no son muy productivos. Veamos un ejemplo: Eduardo Madina sufrió un atentado terrorista en el que perdió una pierna. En el documental *Impuros* explicaba cómo antes de esto, aun sabiendo que podían considerarlo un objetivo, no vivía con un miedo excesivo. Sin embargo, después de ese suceso la ansiedad se hizo muy presente: «¿Y si vuelve a pasar?». Para muchas personas **la mayor fuente de angustia es el futuro,** pero con frecuencia no tienen tan claro dónde se activó este mecanismo. Veamos cómo este sistema puede pasar de ayudarnos a sobrevivir a complicarnos la vida.

EL MIEDO QUE SE QUEDA PEGADO: LA ANSIEDAD

Está claro que las situaciones peligrosas pueden asustarnos, pero en ocasiones también hay elementos totalmente inofensivos que nos generan miedo: ¿por qué pasa esto? Algunos experimentos científicos pueden ayudarnos a comprenderlo. El psicólogo ruso Iván Pávlov describió el fenómeno del *condicionamiento clásico*. Los procesos de condicionamiento tienen gran relevancia en la denominada **terapia de conducta,** desde la que trabajan muchos terapeutas. Pávlov vio que si daba a sus perros de comer mientras sonaba una campana, pasado un tiempo, los perros empezaban a salivar simplemente por oír el sonido. La campana pasaba de ser un estímulo neutro a producir un efecto.

Fascinado por este descubrimiento, el científico John Watson comprobó que esto también ocurría en los seres humanos. Hizo un experimento en el que asociaba un estímulo neutro (un ratoncito blanco, que al principio no generaba miedo) a un sonido fuerte que producía sobresalto (un martillazo en una tabla): con el tiempo, el ratoncito pasó a causar miedo. Esto significa que **el miedo puede aprenderse,** y que puede, por decirlo así, «quedarse pegado» a elementos que no son en sí mismos atemorizantes. Este es el mecanismo por el que muchas veces se generan las fobias. Watson había producido con su experimento una fobia a los ratones. Como en la vida real esto no ocurre de modo programado, las personas que tienen una **fobia** no suelen tener conciencia de cómo se adquirió ese aprendizaje.

El experimento de los perros de Pávlov

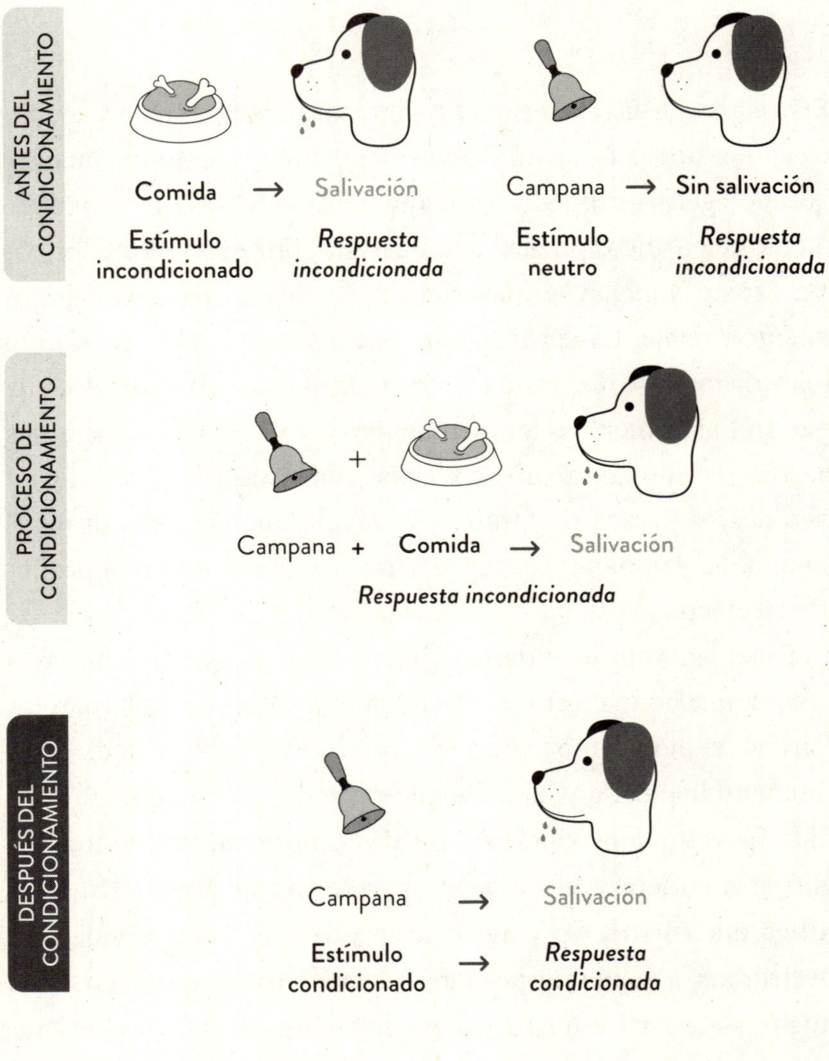

Estos mecanismos forman parte del modo en el que nuestro cerebro aprende. Cuando sucede algo que vivimos como amenazante, el sistema nervioso cataloga los elementos que rodeaban la amenaza como peligrosos en sí mismos, porque puede que necesitemos esa información más adelante. Seguramente nos seguiremos sobresaltando con facilidad durante un tiempo, el organismo seguirá alerta «por si acaso», pero poco a poco todo volverá a su sitio, al ir comprobando que no hay motivos para preocuparse. Esas supuestas amenazas se volverán más neutras e inofensivas (las que lo son, claro está), y recuperaremos nuestro funcionamiento habitual.

Sin embargo, las cosas no siempre evolucionan de este modo y a veces empiezan a complicarse. Si nos muerde un perro, los perros inofensivos pueden empezar a darnos miedo. En algunos casos esto **se generaliza** y pasaremos a tener miedo a todos los animales de cuatro patas, y luego a los parques por los que suelen pasear los animales.

En ocasiones, algunas personas acaban sintiendo que el único lugar seguro es su propia casa: esto es lo que ocurre en lo que llamamos *agorafobia.*

¿Por qué algunas personas no consiguen volver a estar bien después de pasar por una situación difícil y desarrollan **ansiedad y fobias**? Las razones son complejas, pero uno de los factores que hacen que ciertas personas sigan percibiendo peligros desproporcionados o inexistentes es que nunca comprueban si esas cosas que les asustan son o no peligrosas, porque **se centran con todas sus fuerzas en evitarlas.** Por ejemplo, una persona sufrió una agresión en la calle, y ahora cuando sale va con la cabeza baja procurando no mirar a nadie a la cara. Esto podría entenderse como un **mecanismo de**

protección: «Si no miro a nadie, no se fijarán en mí, no me prestarán atención y no me harán nada». Pero, claro, al no mirar a la gente, no verá tampoco las caras sonrientes, las caras amables o las de todos aquellos que sencillamente van en lo suyo. Ni siquiera tomará conciencia de que la agresión ocurrió de noche y ahora está caminando a plena luz del día, que fue en un callejón y que ahora va por una calle principal, que aquel día estaba solo y que ahora hay mucha gente. Hay muchas señales de seguridad, pero solo ve el suelo y la atención está totalmente dirigida a evitar un peligro inexistente. De este modo, **al centrarnos en evitar el peligro y no en los indicadores de seguridad, el miedo no se diluye, y va creciendo en nuestro interior.**

Pandora sufrió una discusión con su jefe en el trabajo tras la que empezó a decirse internamente cosas que alimentaron su ansiedad y la convirtieron en un nudo más complejo de angustia. Su solución para la angustia fue evitar ir a trabajar, lo cual fue aumentando más y más el problema. Pandora entró enseguida en modo «detección de peligros» y cada vez que pensaba en el trabajo anticipaba más problemas. En cambio, no pensó en los compañeros con los que se entendía, ni en sus amigos que eran más calmados y podrían hacerle sentir más seguridad, sino que acudió a su madre, una mujer también muy ansiosa, que no la ayudó a sentirse mejor. Todos estos elementos se multiplicaron entre sí y dieron lugar a un cuadro de ansiedad para el que tuvo que tomar tratamiento.

Este **espiral del miedo** podría describirse de la siguiente forma:

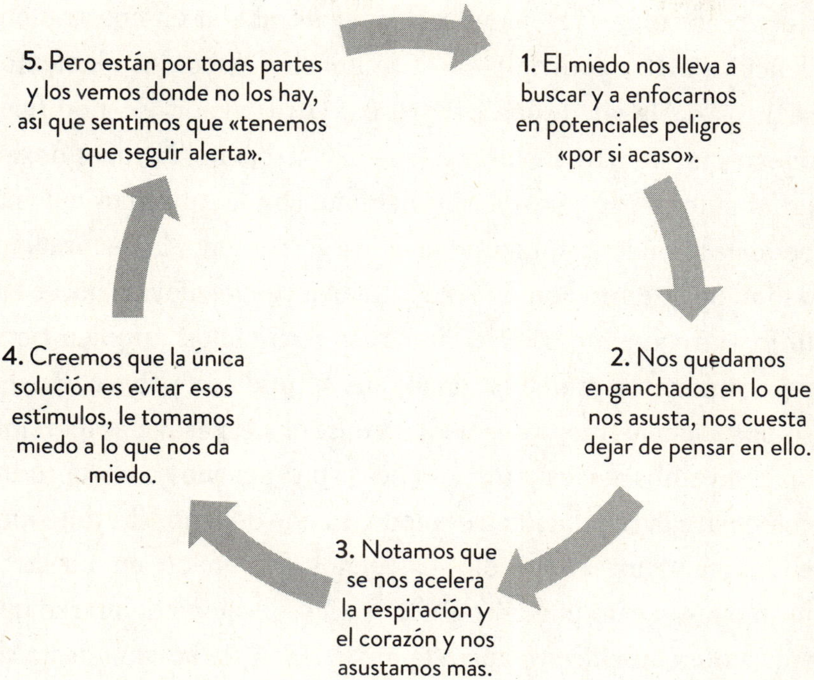

En este punto álgido, **nuestra capacidad para pensar prácticamente se esfumó** y el miedo (nuestro instinto de supervivencia) toma las riendas. Funcionamos en automático, en «modo defensa», pero cada vez más desorientados. Si no aparece ante nosotros una salida, nos encontraremos perdidos y en un estado de ansiedad difícil de manejar. De hecho, quizás tengamos la salida enfrente de nosotros y el miedo desbordado no nos deja verla o el bloqueo que nos generó no nos permite avanzar hacia ella. Más adelante, veremos todo este proceso en mayor profundidad y también hablaremos de cómo nos podemos ayudar a salir de este estado.

Podemos salir de este espiral trabajando sobre cualquiera de los puntos que lo componen, como iremos comentando en distintos capítulos. Por ejemplo, podemos trabajar en nuestra tendencia a evitar o dirigir nuestra atención hacia los elementos seguros en lugar de los peligrosos. Otra opción es modificar nuestra manera de respirar de modo consciente, en lugar de dejar el automático puesto. Por ejemplo, con la ansiedad muchas personas tienden a tomar mucho aire y a contener la respiración, dado que la sensación de «Me falta el aire» los lleva a hacer esto instintivamente. Este contener la respiración también tiene un componente protector, dado que, si ronda un peligro, que no se nos escuche respirar puede ayudarnos a pasar desapercibidos. Sin embargo, esta manera de respirar es muy contraproducente para la regulación del miedo, ya que dejamos durante mucho tiempo un aire cada vez menos oxigenado en nuestros pulmones, y esto puede contribuir a la sensación de mareo que frecuentemente acompaña a la ansiedad. Vale la pena destacar que nadie se ha quedado sin respiración y que nadie se ha ahogado debido a la ansiedad, pero la sensación puede ser esa. ¿Cómo conviene respirar entonces?

Lo más importante cuando sentimos que nos falta el aire no es tomarlo, sino soltarlo. Tenemos que dejar sitio en los pulmones para que pueda entrar el aire nuevo. Esto tiene dos efectos: la sangre se oxigenará mejor y, además, al soltar el aire, el sistema nervioso tiende a relajarse (se activa el llamado *sistema nervioso parasimpático,* que baja la activación), por lo que poner el énfasis en dejar salir el aire hace que dediquemos más tiempo a esta fase del ciclo respiratorio. Además, introduce en nuestra mente la idea de soltar, mucho más interesante que la de contener y acumular tensión.

Para ello puede ayudarnos contar: contamos hasta tres tomando aire sin esfuerzo, contamos dos mientras pausamos la respiración y contamos cinco para soltar. No nos metamos presión, sobre todo cuando estamos angustiados, nos costará ajustar el ritmo y, además, las sensaciones no cambiarán automáticamente. De hecho, es conveniente que practiquemos estando tranquilos, para tenerlo ensayado cuando tengamos cierto nivel de ansiedad. Esta gráfica describe este tipo de respiración:

Contando para respirar pausado

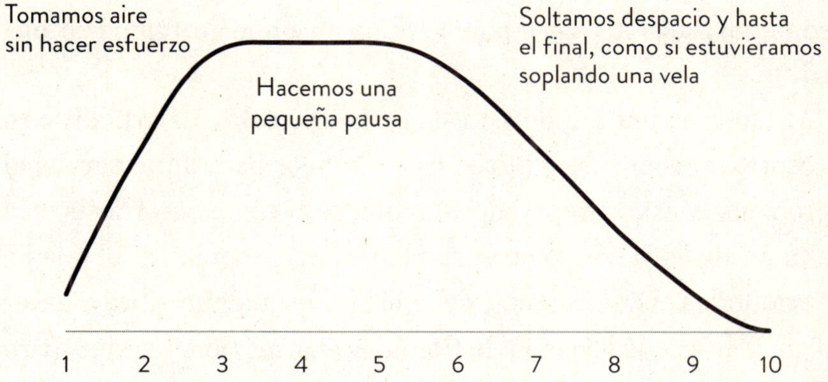

Este entrenamiento en respiración puede ser más complejo. En realidad, cada uno tenemos un ritmo respiratorio llamado *frecuencia de resonancia* en el que nuestros sistemas se acoplan mejor, y encontrar ese ritmo a través de sistemas como el *biofeedback* de respiración o el entrenamiento en variabilidad del ritmo cardiaco puede ser útil para regularnos. Pero, a nivel general, quedémonos con que nos interesa poner el énfasis (siempre sin presionarnos ni forzar) en dejar salir el aire, en dejar espacio en nuestros pulmones, en soltar.

MIEDO AL FUTURO

Como veíamos antes, el miedo tiene que ver más con un peligro inminente, mientras que la ansiedad se dispara hacia posibles amenazas futuras. Como si no nos bastaran los problemas de este momento, imaginamos posibles escenarios, siempre los más amenazantes e incontrolables, damos por cierto que sucederán y, es más, estamos seguros de que no podremos lidiar con ello. Llegados a ese punto, es posible que entremos en **pánico.**

Como ya vimos, todo esto surge de un intento de ayudarnos a nosotros mismos. Nos ponemos en lo peor para anticiparnos al problema y estar preparados. Lo que pasa es que una dosis más alta de algo útil no es necesariamente más productiva. El miedo, como todas las emociones, debe llevarnos a algún sitio, a hacer algo. Pensar qué hacer en distintos escenarios tiene sentido, pero cuando nuestra ansiedad está desbordada, **imaginamos las peores posibilidades y nos sentimos totalmente incapaces de enfrentarlas.** Además, al notar muchísima activación y sentir que no hay salida, es como si estuviéramos pisando a fondo el acelerador del coche con el freno de mano puesto. ¿Qué hace que no reaccionemos? Son muchos los frenos que impiden que el miedo cumpla su función de protegernos y prepararnos para los desafíos, y pueden venir tanto de nuestro entorno como de dentro de nosotros.

Podemos creer que no conseguiremos nuestro objetivo, por múltiples motivos. Es como si tuviéramos un «desanimador interior» que nos jala hacia atrás. Esta idea de que no vamos a ser capaces no es necesariamente realista, pero con base en ella podemos no intentar cosas que podrían salir bien, y por tanto nunca cambiaremos nuestras predicciones negativas.

Es posible que en alguna ocasión pasada se hubiera activado el miedo ante algo similar, pero en aquel momento no había opciones, porque éramos pequeños o no disponíamos de apoyo o recursos, de modo que instintivamente el miedo se bloqueó («Mejor nos quedamos quietecitos», dice nuestro sabio sistema nervioso, pensando siempre en protegernos). Ahora bien, una vez que miedo y bloqueo se unen, no siempre se deshace el nudo automáticamente después. Puede pasar que, al volver a sentir los mismos temores, el bloqueo venga también.

Otra posibilidad es que, por más grande que sea nuestra angustia ante un problema, movernos hacia una solución nos parezca aún más aterrador. Si nos separamos de alguien con quien no nos sentimos bien, podemos verlo como si representara caer al abismo de la soledad. Si decimos lo que pensamos, creemos que todos nos rechazarán. Si nos exponemos, anticipamos que se burlarán de nosotros...

Continuemos con el ejemplo de **Pandora:** se angustió más por lo que pensaba que pasaría en el trabajo el día siguiente del problema que por lo que ocurrió. La discusión con su jefe activó su miedo, pero esto dio lugar a miles de anticipaciones catastróficas sobre el futuro. Eso, unido a la evitación, fue lo que generó y mantuvo tanto tiempo la ansiedad. Cuando el día en cuestión, antes de salir de casa, se le descompuso el aire acondicionado, empezó a decirse que todo era un desastre y que la mala suerte la perseguía. Esta creencia se fue alimentando luego con todos los momentos —que siempre hay, lógicamente— en los que algo le salía mal.

Ante estos miedos frente a lo que podría venir, podemos ayudarnos de varios modos:

- Pensemos no solo en una opción catastrófica, sino también en **otras cuatro posibilidades.** No hace falta que sean estupendas, que nos digamos que «Todo va a salir bien». Simplemente pensemos en más de una opción, para no seguir obcecados en lo que creemos que va a pasar irremediablemente.

- Recordémonos las **diferencias** entre la primera vez que nos bloqueamos por miedo (quizás de pequeñitos, quizás en una situación difícil, en todo caso, en distintas circunstancias) y este momento.

- Démonos la oportunidad de comprobar qué pasa cuando hacemos algo con lo que anticipamos consecuencias negativas que no sean de gran repercusión, con las que no tengamos mucho que perder. Quizás comprobemos que **no somos muy buenos adivinos.**

EL MIEDO NO ES SOLO MIEDO: LA PARÁLISIS

Cuando me planteaba escribir este libro pensé: ¿en qué centrar un libro sobre el miedo? La respuesta no me resultaba obvia, de modo que abrí la pregunta en redes sociales y le pregunté a la gente cuál era la primera palabra que le venía a la cabeza en relación con el miedo. Introduje las palabras en un programa que genera nubes, en las que aparecen las palabras en tamaño más grande cuanto más se repiten, y el resultado es el que se muestra más abajo. Entendí que el miedo en realidad no era solo miedo. El miedo que nos preocupa es ese miedo que no va a ningún sitio, el miedo sin solución, el miedo mezclado con impotencia. Los apellidos del miedo eran *oscuridad, angustia, muerte, bloqueo, dolor, inseguridad...* El centro de la nube de miedo que dibujaron las palabras que me fueron aportando, el elemento nuclear, era la **parálisis.**

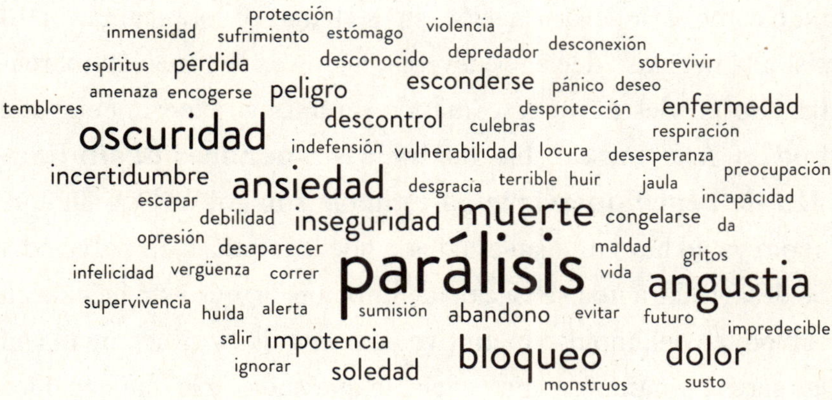

Esto enlaza con un concepto que se denomina *shock inescapable,* definido por el psicólogo Iván Pávlov, al que mencionábamos al explicar el fenómeno del condicionamiento del miedo. Pávlov descubrió por casualidad el *shock* inescapable y lo explicó como «una condición física en la que el organismo no puede hacer nada para influir en lo inevitable». Es decir, el cuerpo desea reaccionar de cierta manera, pero las circunstancias impiden que eso suceda.

Pávlov trabajaba con perros en su laboratorio, y las perreras estaban al lado del río. Una noche hubo una gran tormenta y el río se desbordó. Los perros vivieron unas horas seguramente angustiosas viendo entrar el agua en sus jaulas, sin que estas les permitieran salir. Aunque todos sobrevivieron, cuando a la mañana siguiente Pávlov y sus ayudantes llegaron al laboratorio, notaron que los animales, que antes eran juguetones y amigables, se comportaban de modo agresivo y estaban abatidos. Lo que Pávlov pensó fue que, al inundarse las jaulas, en los perros se había activado la respuesta de lucha o huida, habían intentado *hacer algo,* como siempre que un ser vivo se enfrenta un peligro. El cerebro mandaba a los músculos la señal de «hay que reaccionar», pero como los perros estaban encerrados en sus jaulas y no tenían cómo salir de la situación, sus sistemas se sobrecargaron. El sistema nervioso decía «Muévete», mientras la situación marcaba «No puedes moverte». Cuando un animal experimenta este tipo de *shock* inescapable, tendrá luego **menores posibilidades de reaccionar** ante un estímulo similar, incluso aunque ahora ya no haya una jaula ni nada que le impida salir corriendo. Se desarrollará una sensación de impotencia, que está basada en el bloqueo del impulso instintivo de hacer algo y se acompaña en los seres humanos de la creencia de que nada de lo que hagamos servirá para nada.

Otro concepto parecido fue definido por el psicólogo americano Martin Seligman en la Universidad de Pensilvania, con resultados equivalentes: los animales que sufrían un *shock* estando inmovilizados, cuando más tarde se repetía el mismo estímulo negativo, pero teniendo ya la opción de moverse y pararlo o escapar de él, no reaccionaban y se quedaban inmóviles. Seligman lo llamó *indefensión aprendida,* y propuso que lo que se aprende aquí es que **ante una amenaza no hay nada que pueda hacerse.** Daba igual qué recompensa se ofreciera a los animales para que aprendieran una conducta más efectiva, no funcionaba.

Para los seres humanos, muchas experiencias pueden funcionar como jaulas. Si somos niños y hay violencia en casa, lo de pelear es inviable porque saldríamos perdiendo, y escapar no lleva a ningún sitio, porque no hay otro lugar a donde ir. Si tenemos una relación de pareja en la que somos muy dependientes de alguien que se comporta de modo abusivo, los lazos que nos unen a esa persona son nuestros barrotes («No puedo dejarlo porque lo quiero demasiado»). A veces podemos también estar atrapados en relaciones en las que el otro nos va cerrando las puertas, apartándonos de nuestras amistades, cuestionándonos cuando hacemos cosas de modo independiente, etc. Las trampas emocionales funcionan como una puerta cerrada. Una vez que **se asocia la sensación de impotencia con el daño,** la puerta puede ya estar abierta, pero no podremos salir. Ahí es donde se genera la sensación de **parálisis,** esa es la indefensión aprendida.

Para **Pandora,** el principal factor limitador en su infancia fue la preocupación de su madre. Si ella quería ir a un campamento, su madre se llevaba las manos a la cabeza y empezaba a hablarle de todos los problemas que podrían ocurrir: que le picara un insecto del bosque, que se cayera y se hiciera daño, que se sintiera mal y quisiera volver... Cada intento que ella hacía de tener autonomía era frenado sistemáticamente.

¿CÓMO VENCEMOS LA PARÁLISIS?

Es importante cambiar la pregunta, porque con la parálisis no se pelea, y menos aún en los momentos en los que es más intensa. El impulso lógico de pelear contra ella suele tener el paradójico efecto de aumentarla. De modo que, antes de pensar en movernos, debemos conectar con la sensación que da lugar a la parálisis, pero de un modo distinto.

Lo primero es **entender** la sensación que hay debajo, comprender sus raíces en nuestra historia, observarla con curiosidad y con interés en cuidar de nuestro miedo. Deshacer la madeja **sin presión y sin prisa.** Cambiar frases como «No soy capaz» o «Si quieres, puedes» (las dos son igual de contraproducentes) por «Es normal que me cueste, pero puedo ayudarme».

Luego modifiquemos el objetivo, no busquemos «vencer» la parálisis, sino hacer **algún pequeño movimiento.** No pasa nada si no recorremos el camino completo: el objetivo no es llegar al final, sino deshacer el nudo que nos bloquea, que la inmovilidad no sea tan absoluta.

Si no conseguimos dar ese paso, al menos **imaginémonos** haciéndolo. ¿Cuál sería el primer paso que daríamos si no estuviéramos paralizados? Puede que hasta imaginarlo nos ponga nerviosos, y eso nos ayudará a entender por qué nos resulta difícil. No pasa nada, solo es cuestión de tenernos paciencia: todo lo que se practica se aprende.

LA PARÁLISIS FORMA PARTE DE NUESTROS MECANISMOS DE SUPERVIVENCIA

Decíamos que el miedo es una emoción necesaria, forma parte de nuestro instinto de protección ante el peligro. El problema viene más bien de la suma del miedo y la **impotencia**, del miedo sin solución. La palabra central que dibujaba la nube de miedo era *parálisis* y, dada su importancia, vamos a verla un poco más en profundidad.

Lo cierto es que la parálisis en sí también puede salvarnos la vida. Schauer y Elbert definieron un concepto que puede ayudarnos a entender esto: **la cascada defensiva.** Estos autores explicaron que, cuando debemos protegernos, no lo hacemos como cuando pulsamos un interruptor (o todo o nada), sino que se van activando gradualmente distintas respuestas en función de cómo se va poniendo la cosa. Nuestro instinto de supervivencia hila fino y percibe los matices de la situación de modo muy rápido, antes de que nos haya dado tiempo de pensar. En situaciones de peligro, pensar es un lujo que no nos podemos permitir. Veamos qué puntos se van sucediendo en esta cascada de reacciones:

Veamos los pasos de esta secuencia en la página siguiente:

1. **Inmovilidad.** Ante algo que se sale de lo ordinario, lo primero que debemos hacer es orientar hacia ahí nuestra atención y comprobar si eso que ocurre es potencialmente peligroso, de modo que nos quedamos quietecitos, por si acaso, sin hacer ruido, muy atentos a lo que está pasando. Imaginémonos en el bosque: oímos el crujir de una rama, «¿Será un animal?», y de ser así «¿Me atacará?». Entonces, mejor no moverse para

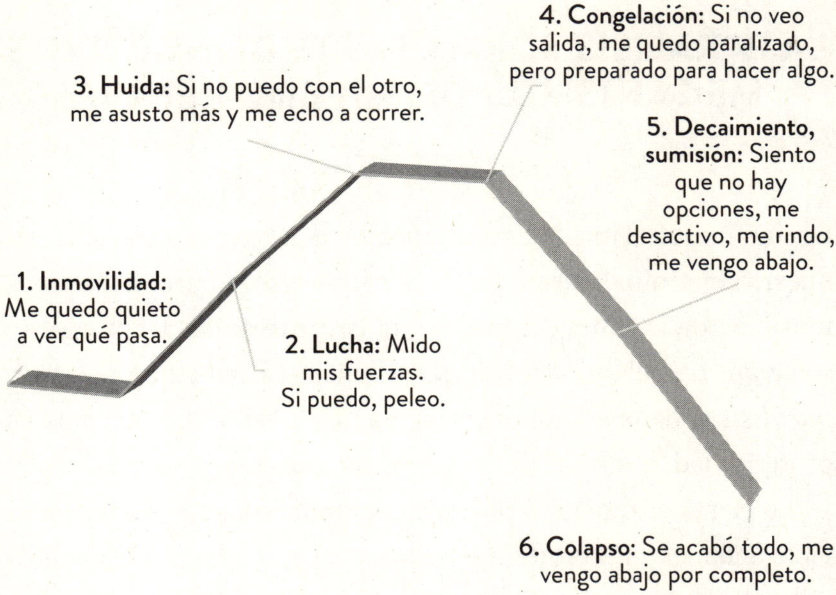

no atraer su atención hasta tener claro si es algo inofensivo o peligroso. El miedo ya entró en juego, pero todavía no es muy intenso. Solo nos notamos activados, nuestro corazón late más rápido y el organismo se acelera, preparándose por si debemos hacer algo.

2. **Lucha.** Si resulta que lo que apareció es peligroso, pero tenemos opciones de vencerlo, el primer instinto es luchar. La activación sube, nuestro corazón se acelera, nuestros músculos se tensan, porque vamos a necesitar poner toda nuestra energía en ello. Si el ruido sí era un pequeño animal, que al vernos se acerca con intenciones dudosas, podemos tomar un palo e intimidarlo con él, incluso usarlo si es necesario. Sin embargo, si esta fuera nuestra única opción para protegernos, nuestra especie habría desaparecido hace tiempo.
3. **Huida.** A veces, lo más eficaz es salir corriendo. Imaginemos que el animal no es pequeño, sino más grande que nosotros, o

con garras y afilados colmillos que los humanos no tenemos. ¿Sería sensato pelear? Ni se nos ocurriría, a menos que tuviéramos un entrenamiento especial para ello o un arma que aumentara nuestras posibilidades. Así que el miedo sube más aún, porque nos va a hacer falta correr tan rápido como nos sea posible. Eso sí, debemos tener claro que podemos correr más que el animal, o esta estrategia tampoco será muy rentable.

4. **Congelación.** Si estamos frente a un peligro ante el que pelear o escapar no son opciones que garanticen nuestra supervivencia, volvemos a quedarnos quietos, pero esta vez el miedo está disparado al máximo. Nuestro organismo aún no descarta hacer algo: como ya comentamos, es como si estuviéramos con el motor en marcha, pisando a tope el acelerador, pero agarrando fuerte el freno de mano. Aquí nos notamos paralizados, y a la vez tensos, pero esta situación no puede sostenerse mucho tiempo. Imaginemos lo que le pasaría al motor del coche si lo mantuviéramos así.
5. **Decaimiento, sumisión.** Debemos bajar las revoluciones, no tiene sentido seguir acelerados porque las opciones de hacer algo no están, o no las vemos. Si bien al principio nos activábamos (el equivalente emocional es que notamos miedo), ahora empieza a ser prioritario bajar las revoluciones y ahorrar energía. Quién sabe si más adelante la podremos necesitar. Además, ante determinados oponentes, bajar la cabeza, no mirar directamente y no hacer movimientos bruscos puede hacernos salir menos dañados. Con un perro que ladra y nos asusta, habremos escuchado seguramente el consejo de quedarnos quietos. De algún modo, si nos echamos a correr o estamos a punto de hacerlo, el instinto de caza del perro se activa. También recordaremos el dicho de que «Los perros huelen

el miedo», así que tiene sentido para nuestra supervivencia que la activación asociada al miedo vaya bajando. Lo notamos porque nos fallan las piernas, podemos marearnos y todo el cuerpo se afloja.

6. **Colapso.** Si la situación es realmente extrema, podemos llegar a desmayarnos. Imaginemos que el animal viene hacia nosotros, es realmente grande y se dispone a atacar: caer desmayados es un truco fabuloso de nuestros sistemas de supervivencia. Muchos animales al ser alcanzados por un depredador presentan este tipo de respuesta. Pierden la conciencia, el cuerpo se afloja y las revoluciones bajan hasta el punto de que el animal parece estar muerto. Los latidos del corazón son tan lentos que ni se notan, se queda casi sin respiración. El depredador no sabe así si su presa está viva o no, y su instinto le hace no devorar nunca animales muertos, ya que podrían hacerlo enfermar. De modo que lo sacude a ver si reacciona, pero cuando la presa está en este estado de colapso, ni siquiera lo nota. Entonces, el depredador se va y el animal se salva.[1] Si estuvimos en alguna situación extrema, pudimos pensar algo como «Me voy a morir», una sensación realmente desagradable, y llegar a desmayarnos. En esa reacción está la sabiduría ancestral de nuestra especie y de aquellas especies más primitivas desde las que evolucionamos.

¿Hay una reacción mejor que otra? No, todo depende del contexto. Lo importante es que nuestro instinto opte por la más ade-

---

1. Si buscamos en YouTube «Impala in and slowly out of collapsed immobility», encontraremos un video en que puede verse muy gráficamente esta respuesta de colapso y cómo el animal sobrevive gracias a ella al ataque de un depredador.

cuada en ese momento. Y digo nuestro instinto porque nada de esto nace de una decisión consciente, no da tiempo a que esta se produzca. El tema es que, **después de reaccionar de un modo u otro, el cuerpo debe volver al estado anterior.** Es normal que nos dure el coraje si se activó la lucha (hayamos peleado o no), que nos tiemblen las piernas si se activó el escape, que sigamos bloqueados si nos paralizamos, que notemos que desfallecemos o que nos mareamos, pero pasado un tiempo debemos ir soltando todo esto. Si tuvimos un mal encuentro en el bosque y salimos como pudimos de la situación, igual tardamos en disfrutar del paseo, o incluso es más razonable volver a casa, hablarlo con alguien y descansar a conciencia.

Lo de soltar las reacciones instintivas que se activaron ante una situación puede no ser fácil. A veces pasamos por etapas en las que tuvimos experiencias difíciles que supusieron daño o amenazas potenciales, pero fueron prolongadas o repetidas, y no acababa de llegar el «Ya pasó todo». **Nuestro sistema, al quedarse tanto tiempo en un estado o al activar estas respuestas muchas veces, puede tender a quedarse en ellas.** En otras ocasiones, nosotros podemos contribuir al atasco, si nos recriminamos por pelear («¿Cómo pude ponerme así?»), por escapar («Debí haberme enfrentado»), por paralizarnos («¿Cómo no hice nada?»), por venirnos abajo («Soy un cobarde») o por desfallecer («Soy débil»), sumándose la vergüenza o la ira por haber hecho lo que hicimos al miedo que se quedó ahí. Se forma así una maraña de emociones y reacciones bloqueadas que habrá que pararse a deshacer pacientemente.

¿ES POSIBLE VIVIR SIN MIEDO? BUSQUEMOS OBJETIVOS REALISTAS

¿Cómo hacer para no tener miedo? ¿O para no sentirlo? ¿O es imposible? ¿Qué podemos hacer con él? ¿Podemos al menos reducir esa sensación de malestar y de ahogo que lo acompaña? Antes de empezar a buscar respuestas, es importante que nos planteemos si nos estamos haciendo la pregunta correcta. **El miedo, como todas las emociones, forma parte de la vida.** Como ya vimos, es una emoción esencial para la supervivencia. Sin embargo, a muchas personas les gustaría anularla por completo, ¿por qué?

Lo cierto es que, más que vivir sin miedo, las personas tenemos habitualmente una especie de **delirio de invulnerabilidad.** Andamos sin pensar que podamos tropezar, nos subimos al auto sin pensar que vamos a tener un accidente, sabemos que la muerte es una posibilidad que tarde o temprano se hará real, pero a la vez no pensamos que nos vaya a tocar a nosotros, al menos no ahora. Esperamos que las cosas sean siempre como lo son la mayor parte de las veces, que ocurran como «suelen ocurrir».

Esta confianza en que todo saldrá bien, claro está, puede romperse. La vida a veces se pone original, rompe nuestros pronósticos y hace que nos entren dudas: «¿Me podría pasar a mí?». Lo impredecible, a veces, sucede. Da igual si son fenómenos globales, como un atentado terrorista, una guerra que irrumpe en nuestro país o una crisis económica, o si son más bien cosas concretas y particulares, como cambios vitales no deseados o pérdidas personales. Ante lo que se sale del guion que nos habíamos trazado, podemos tomar dos rutas: reescribir el argumento de la historia para introducir la nueva información (algo así como actualizar el GPS) o aferrarnos al guion inicial descartando por sistema cualquier información que no encaje. **Cuanto más capaces seamos de modificar nuestras predicciones, menos expuestos estaremos a que el miedo se apodere de nosotros.**

Por ejemplo, contraemos una enfermedad seria y ya no es tan obvio que todo vaya a ir bien. ¿Qué hacemos? En la primera opción, bajaremos las expectativas y nos centraremos en los tratamientos disponibles, en lo que pueda aumentar nuestras probabilidades, y, si es posible, en convivir con esta nueva compañera que nos tocó. Lidiamos así con lo imprevisto y lo asumimos, ajustando nuestros cálculos. Ahora bien, si no hacemos esto, si no aceptamos que nos esté pasando algo importante, seguiremos empeñados en funcionar con nuestros viejos esquemas: nos negaremos a tomar tratamientos que nos podrían ayudar, no iremos a las citas médicas, nos aterraremos cuando veamos signos de que nuestra ilusión no se sostiene y de que la enfermedad está ahí. Lo único asumible para nosotros será volver a estar como antes y, si eso no es posible, nos bloquearemos por completo, algo poco recomendable cuando las cosas se ponen difíciles. Por supuesto, hay muchas opciones intermedias, pero cuanto más flexibles sean nuestros esquemas, más capacidad de adaptación tendremos ante lo que vaya viniendo.

Esta capacidad para adaptarnos a los cambios y los desafíos que la vida nos plantea tiene que ver con algo con lo que todos nos tuvimos que familiarizar durante los años en los que el COVID-19 movió el suelo debajo de nuestros pies: la **tolerancia a la incertidumbre.** ¿Cuánto tardamos en incorporar las nuevas formas de vivir que esta situación nos impuso? ¿Cuánto nos costó asumir que algunos de nuestros planes iban a tener que esperar?

Quienes consiguen lidiar con la incertidumbre tienen más recursos ante la vida, y a todos nos interesa desarrollar esta capacidad. La otra alternativa (mucho menos eficiente) es el **control:** intentar obligar a la realidad a seguir el guion que nosotros escribimos. Como podemos imaginar, si optamos por esto último, la cosa pinta mal. Más tarde o más temprano, chocaremos con la realidad, que es un poco terca y no les da mucho valor a nuestros esquemas. Y, lo peor de todo, el control no neutraliza realmente el miedo, más bien lo alimenta.

Algunas personas, es cierto, viven con una **sensación de miedo permanente.** Las creencias de invulnerabilidad que comentaba al principio no existen, o algo las hizo tambalearse y no las recuperaron. Tienen miedo a la muerte sin que atraviesen alguna enfermedad que indique que esto vaya a ocurrir pronto, les angustia que algo pueda pasarles a sus seres queridos o que algo importante para ellos pueda salir mal en momentos en los que no hay problemas objetivos en el horizonte. Otros viven con el temor a que vuelva un pasado que han intentado por todos los medios dejar atrás. Aunque profundizaremos a lo largo del libro de las razones por las que esto ocurre, vamos a adelantarnos un poco. Hay tres elementos que podemos considerar centrales:

1. El primero es la **falta de seguridad básica,** esa sensación que comentábamos al principio y que se desarrolla muy temprano en la vida, a través del vínculo de apego con las personas que nos cuidan. Explicaremos esto en detalle más adelante.

2. El segundo son nuestras **experiencias vitales estresantes o traumáticas,** que pueden haber hecho que nuestro sistema se configure en modo «detección de amenazas».
3. Por último, también tenemos nuestro **temperamento** innato, que puede hacernos ser más nerviosos o sensibles.

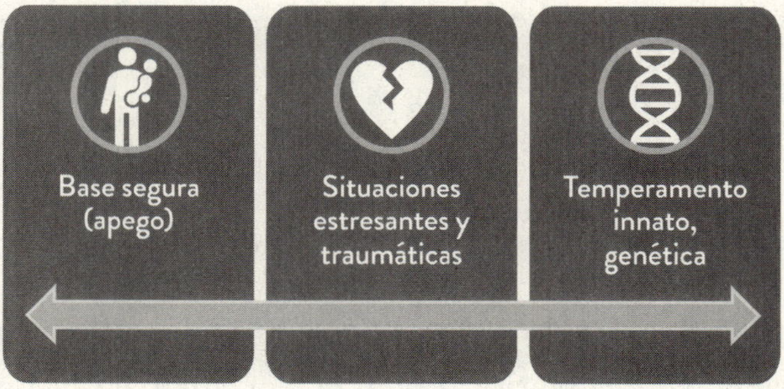

Muchas personas sufren las consecuencias de la inseguridad y el miedo paralizante, convencidos de que «son así» y que no pueden hacer nada para cambiar su estilo de funcionamiento (p. ej., sensible, impulsivo, etc.), pero las posibilidades que tenemos de modelar nuestro temperamento son grandes. Hoy sabemos que incluso los propios genes pueden modificarse por elementos del ambiente, se ha visto que el estrés y las circunstancias adversas los alteran y también que algunas psicoterapias pueden deshacer este daño. Además, es más realista y sensato centrarnos más en la parte del problema que podemos cambiar que en aquellos aspectos difícilmente modificables.

El miedo en sí no es posible evitarlo,
forma parte esencial de la vida
y de nuestro «kit básico de supervivencia».

Pelear con el miedo o tratar de escapar de él no tiene mucho sentido porque lo llevamos puesto y, además, porque esa pelea está perdida de antemano. Los objetivos más realistas que nos podemos plantear son aprender a **convivir** con el miedo cuando toque sentirlo, **ayudarnos** mientras estamos asustados y, sobre todo, hacer crecer la sensación de **seguridad.**

EL MIEDO JUSTO Y NECESARIO

Decíamos antes que el miedo no puede eliminarse por completo, pero ¿cuánto es necesario? ¿Cómo saber cuándo juega a nuestro favor y cuándo en contra? Un poco de miedo, en su dosis precisa, es necesario en muchas situaciones de la vida. Sin miedo caeríamos en la inconsciencia y en la imprudencia, y probablemente de ahí se derivarían muchos problemas. El tema —y, claro está, la cosa no es tan fácil— es saber calcular cuánto, cómo y dónde necesitamos dejarnos aconsejar por el miedo.

Pensar en las consecuencias negativas de nuestros actos nos ayuda a calcular, a no lanzarnos a una piscina de cabeza sin saber cuán profunda es, a no correr riesgos sin ir preparados, a no arriesgar donde no hay posibilidades de ganar nada. Esta capacidad tiene mucho que ver con el sentido común o, como lo llamamos en Galicia en su versión más pragmática e intuitiva, el *sentidiño.* Para poder funcionar desde aquí debemos pensar no solo en las consecuencias inmediatas de nuestros actos y decisiones, sino que también debemos tener una visión que incluya lo que puede pasar a mediano y largo plazo. Hay cosas que de modo inmediato nos pueden hacer bien, pero que a la larga se convertirán en un problema. Por ejemplo, no presentarnos a un examen para el que estamos preparados nos puede dar alivio cuando lo decidimos, pero en la siguiente convocatoria quizás no vayamos en mejores condiciones, sino más estresados. Hablaremos más adelante de la **evitación** y de cómo puede complicarnos la vida.

El miedo justo y necesario se llama **prudencia, cautela, precaución.** Pensar en lo que puede salir mal nos inquieta, pero nos hace poner atención en los inconvenientes. Esto nos ayudará a tomar decisiones con más posibilidades de éxito, a elaborar planes que tengan en cuenta los pros y los contras de las distintas opciones, a preparar escenarios por si algo sale mal y estrategias anticipadas para que las situaciones no nos tomen desprevenidos. Si se nos va de las manos todo esto, claro está, caeremos en la angustia, pero tener temores razonables y dedicar tiempo a pensar en ellos, hasta cierto punto, es muy necesario.

¿CÓMO ACTUAR ENTONCES ANTE EL MIEDO?

Está claro, pues, que debemos quedarnos con el miedo como un recurso y que es necesario escuchar sus mensajes. Si tenemos problemas con el miedo: se nos desborda con facilidad hacia la ansiedad y el pánico, vivimos dominados por el temor, o no sabemos hasta qué punto confiar en él, las soluciones simplistas o mágicas no van a ser de ayuda. Con frecuencia, las «soluciones» que nos vienen a la mente son callejones sin salida o puertas muy bonitas que no están abiertas.

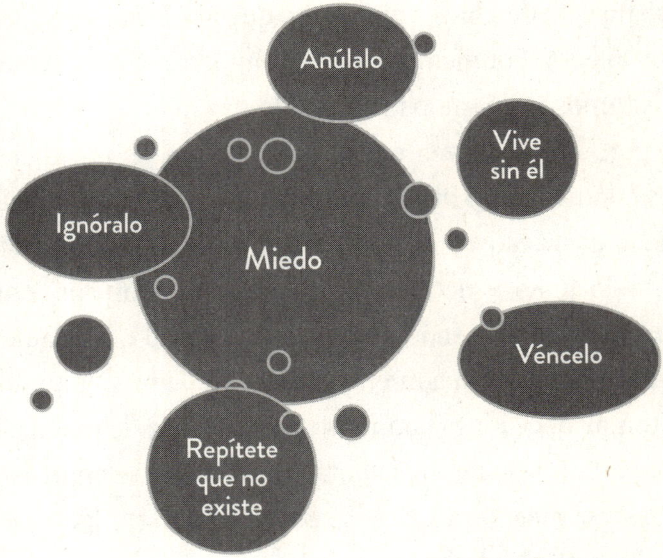

Algunas de las recetas contra el miedo se basan en esencia en una especie de pócima o conjuro: unas palabras mágicas que, si nos las repetimos lo suficiente, acabarán por ser ciertas. Algo así como decirnos «No tengo miedo», en sus múltiples variantes. Podemos imaginarnos como brujos novatos que tuvieron al fin acceso al libro de los conjuros y que van a repetir las frases que harán que el miedo se volatilice. El resultado de estas pruebas es a veces el mismo que el de los encantamientos: son frágiles, no llegan a producir ningún efecto o este simplemente desaparece.

Cuando hacemos esto, estamos utilizando lo que en psicología se llama **pensamiento mágico,** es decir, creer que algo se hará real simplemente porque así lo deseamos, aunque no haya fundamento ni base objetiva que apoye esa creencia. El pensamiento mágico siempre es tentador: ofrece una solución perfecta. Y, además, nos es familiar, porque nos acompaña desde niños. Si tuvimos que usarlo mucho en la infancia, porque las situaciones reales no eran fácilmente modificables y no tuvimos otro recurso que soñar salidas imposibles, puede haberse vuelto un hábito. O quizás nunca llegamos a ese momento de transición en el que descubrimos que el genio de la lámpara no existe, que formularles deseos a los Reyes Magos o a las uvas de fin de año no hace que se cumplan y que no tenemos un hada madrina personal dedicada en exclusiva a complacer nuestros anhelos. Quizás seguimos pensando de forma mágica e imaginamos que, si deseamos algo con todas nuestras fuerzas, acabará sucediendo. Si no ha sido así, pensamos, es probablemente porque no lo hemos deseado con suficiente fuerza, o porque no ha llegado su momento todavía. Detrás de muchos rituales relacionados con la superstición, como aquellas cosas que creemos que espantarán la mala suerte: no pasar por debajo de una escalera, no derramar la sal, apartarnos de los gatos negros o llevar amuletos, seguimos conservando un poco de este estilo de pensamiento. Probablemente otro tipo de creencias más modernas, relacionadas con la nutrición o el estilo de vida, tengan también algo que ver.

Lo mágico, en nuestra mente, funciona de repente, sin el largo esfuerzo que supone cambiar un hábito o aprender una habilidad desde cero. Claro que lo mágico en realidad no funciona, si hay algún cambio es por puro azar o por el impulso del primer momento, pero esos pequeños éxitos esporádicos nos mantienen la ilusión de que quizás pueda volver a suceder. Y, si aún no hemos visto resultado alguno, siempre podemos volver a buscar otra receta mágica. Las propuestas de cambio realistas, que suponen paciencia, constancia y reflexión, pueden parecer muy cansadas en comparación. De haberlas intentado, puede que lo hayamos hecho solo unas cuantas veces y hayamos desistido, así que confirmaremos la idea de que no sirven.

La magia tampoco funciona con los sentimientos. Una emoción no desaparece diciendo que no existe. Como mucho, podemos aplastarla, pero se queda ahí de fondo y puede resurgir en cualquier momento. Sin embargo, como vamos a ver a continuación, hay algo rescatable en las propuestas que comentábamos al principio del capítulo, y es que decirnos internamente determinadas frases puede producir un efecto, y es cierto que lo que nos decimos sobre lo que sentimos marca muchas veces la sensación final.

Como vimos, en los estados de **pánico** se produce un **espiral de retroalimentación** entre sensaciones y pensamientos que acaba disparando al máximo nuestra reacción emocional. Es posible que notemos cierta dificultad para respirar o que nuestros latidos se vuelvan más rápidos. Es entonces cuando lo que nos decimos juega un papel determinante, porque puede que pensemos: «Me voy a ahogar, me va a dar algo». Y claro, nos sube el miedo, esta vez a lo que podría pasar (esto se conoce como *miedo anticipatorio*). Aparece la ansiedad en un intento por prevenir situaciones potencialmente dañinas y el cerebro mantiene alto el nivel de activación, trata de ayudarnos poniéndonos en lo peor «por si acaso».

Si nuestra cabeza toma vuelo, es fácil que todo se descontrole y que la capacidad de modular esa activación, de seguir llevando las riendas, disminuya. En este punto es como si nuestro sistema pisara el acelerador a fondo para salir de donde puede ocurrirnos algo. Al aumentar el miedo, la adrenalina se libera en mayor cantidad en nuestro torrente sanguíneo y notamos todavía más ahogo y más taquicardia. Los pensamientos se vuelven más catastróficos, porque además las áreas del cerebro que reflexionan —la corteza prefrontal— funcionan cada vez menos, nuestro sentido común se va diluyendo y cada vez pensamos con menor claridad y de modo más emocional. Podríamos decir que **ya no pensamos nosotros, piensa el miedo:** «Me voy a morir», «Nunca se me va a pasar esto», «Mi vida se va a acabar». La emoción dispara los pensamientos y los pensamientos disparan la emoción, hasta que nos desbordamos por completo y entramos en pánico. En lugar de calmar el miedo, lo estamos multiplicando. Si nos damos cuenta a medias de lo que está pasando, la situación en sí misma puede también asustarnos: nos da miedo nuestra propia ansiedad, el vuelo que está tomando nuestra cabeza, la falta de control. Tenemos **miedo al miedo** y, cuánto más se multiplica este, menos capacidad nos va quedando de introducir lógica en el asunto. La realidad se distorsiona. Llegados a este punto, solo podemos parar con una medicación o por puro agotamiento (por suerte, la adrenalina que podemos producir tiene un límite).

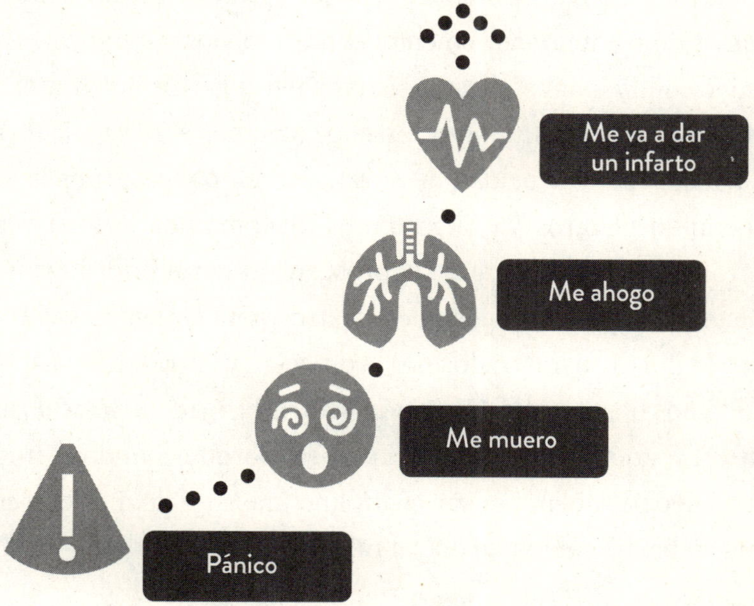

Sin embargo, si intervenimos en esta avalancha antes de que agarre velocidad, es posible aprender a no subir algunos peldaños. Si vamos trabajando las frases catastróficas que solemos decirnos cuando estamos ansiosos y las vamos deshaciendo, las vamos pensando en un momento en que estamos tranquilos e introduciendo lógica, cuando vuelvan estaremos preparados. En realidad, las frases negativas que nos decimos suelen ser siempre las mismas, y eso nos permite desmenuzarlas una por una, deshaciéndolas y quitándoles poder sobre nosotros.

En el mismo sentido, tenemos cierto margen de maniobra con nuestra atención. A la **atención** pueden atraerla automáticamente los estímulos, tanto de afuera como de adentro, o podemos poner nosotros una atención consciente y voluntaria en aquello en lo que queremos centrarnos. En todo caso, prestar atención a algo equivale a poner una lupa sobre ello, lo cual nos lleva a fijarnos en ese elemento, entenderlo mejor y también a aumentar su efecto. Como habíamos comentado, hay muchos aprendizajes que pueden condicionar a nuestro sistema nervioso a enfocarse en los peligros «por si acaso», pero con ello corremos el riesgo de no bajar la alerta ni la velocidad de nuestro cerebro y pasarnos la vida detectando peligros ya inexistentes. Si tomamos la lupa y nos centramos en los elementos seguros, entrará otra información en el sistema. Podemos dejar que nuestros pensamientos vayan en «manos libres» arrastrados por la emoción y entrando en espiral, o podemos observarlos y **pensar sobre lo que estamos pensando.** Esto es más fácil en frío, claro, porque cuando el miedo y la ansiedad suben, pensar es un lujo inasequible. Por ello conviene trabajarlo antes de que el miedo vuelva.

¿EN QUÉ QUEDAMOS ENTONCES?

¿Sirve de algo decirnos cosas cuando estamos asustados? Pues sí, pero depende mucho de lo que nos digamos. En mi experiencia, es mejor no negar la emoción: lo que sentimos es innegable. Ahora bien, con eso que sentimos, podemos decirnos cosas que nos ayuden o cosas que nos hagan sentir aún peor. Con el miedo, lo que nos puede ayudar son variantes de esta frase:

Tengo miedo, pero no hay peligro.
Tengo miedo, pero estoy seguro.

Para ayudarnos a decir «Estoy seguro», debemos enfocar nuestra atención en todos los **indicadores** que vemos de que no hay peligro en este momento y en este lugar, en todo lo que nos aporta al menos un poco de seguridad. Si nuestra **lupa** se va hacia potenciales fuentes de nuevo daño, tendremos que llevarla una y otra vez a las señales de seguridad. Iremos hablando más de todo esto en capítulos posteriores.

Más allá de frases genéricas, hay determinadas cosas que nos resultan tranquilizadoras, y lo sabemos porque esa persona que siempre nos ayuda cuando nos sentimos mal nos las suele decir. También puede ser que, sabiendo por experiencia lo mal que se pasa, seamos particularmente buenos calmando a los demás. De modo que podemos decirnos lo que sabemos que nos ayuda escuchar. Podemos repetirnos eso que les decimos a los demás cuando los vemos sentirse como nos estamos sintiendo. Generalmente es más fácil ver las cosas hacia fuera, en los otros, que hacia dentro, pero es un buen sitio del que tomar ideas.

En resumen, pensemos en opciones que no impliquen desaparición mágica e instantánea de una emoción (el sistema nervioso no funciona así), sino más bien en formas en las que, tomando esa sensación como una materia prima sobre la que trabajar, podamos elaborar otra cosa.

PARTE 3

DESPUÉS DEL MIEDO

¿NOS DAMOS LA OPORTUNIDAD DE PERDER EL MIEDO?

En el capítulo anterior, abordamos la cascada defensiva que se pone en marcha en nuestro organismo cuando percibimos algo que nos da miedo. Ante un peligro, lo primero es reaccionar y debemos hacerlo rápido, no hay tiempo para pensar. Pero ¿qué sucede después? ¿Qué ocurre cuando, ya pasado el peligro, tomamos conciencia y decimos: «¡Qué susto!»? Algo nos da miedo porque nos sobresalta o es potencialmente peligroso, pero pasado el momento crítico, debemos **soltar** el miedo. A esto, como habíamos comentado, se le llama **extinción del miedo,** y es algo **fundamental para nuestra capacidad de adaptación.**

Hablábamos antes de que el miedo puede «aprenderse» y de que ahí se originan la ansiedad y las fobias. Como venimos viendo, a veces esta última parte de la secuencia anterior, en la que «soltamos» el miedo, no se produce y la secuencia no se completa. Esto es más probable cuando no hay opciones de pelear o escapar, cuando solo son posibles las respuestas pasivas (parálisis, sumisión o colapso). El miedo sigue en el cuerpo y, aunque sabemos

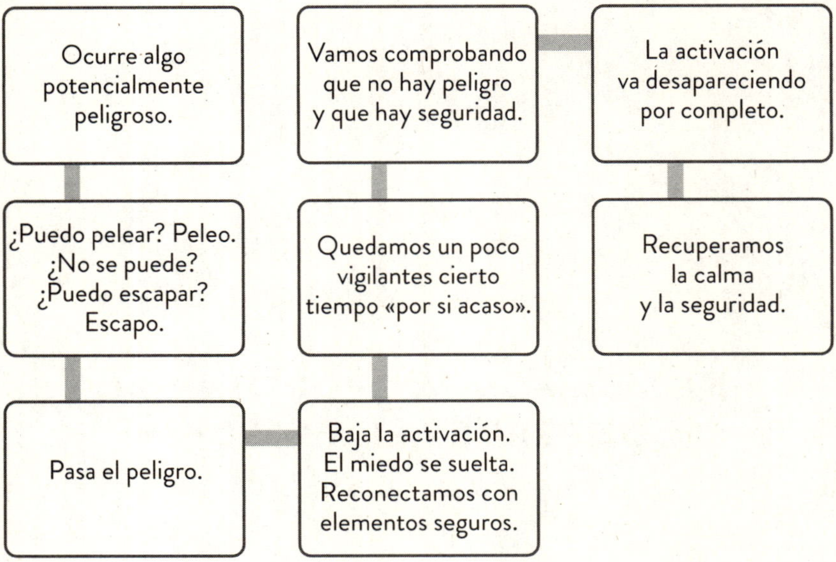

(racionalmente) que la situación cambió, no *sentimos* que ya haya pasado todo. Seguimos notando el miedo y, para nuestro sistema nervioso, miedo equivale a peligro. Para poder diferenciarlo, necesitamos pensar y calibrar el riesgo, pero, como acabamos de ver, cuando el miedo es grande, la corteza prefrontal (la que sabe pensar y reflexionar mejor) a veces se «desconecta». El cerebro tomó velocidad y el freno no funciona. El mecanismo de extinción del miedo, pues, tampoco se pone en marcha.

Veamos otro ejemplo: sufrimos un accidente y desde entonces nos da miedo conducir. Para que el miedo desaparezca, debemos aprender que la situación (conducir) que nos asustó (porque tuvimos un accidente) ya no es peligrosa (vamos en el auto y no estamos chocando contra nada). El auto, algo neutro en sí mismo, se quedó asociado (condicionado) al miedo que experimentamos en el accidente, y ahora tiene que desasociarse. A base de conducir, iremos relacionando el coche más con transportarnos, poner música, y, finalmente, disfrutar del viaje. Estas asociaciones positivas, y más frecuentes, se van haciendo más fuertes que la antigua vinculada al peligro, y esta va desapareciendo.

Algunas personas tienen dificultades para **aprender** esta respuesta de extinción del miedo, y se ha propuesto que este mecanismo está en la base de algunos problemas de salud mental, como las fobias y el trastorno de estrés postraumático. El momento importante es cuando nos damos cuenta por primera vez de que vamos en coche, pero, al contrario de lo que anticipábamos, no hay señales de peligro. Es esencial tomar conciencia del momento en el que el peligro ya pasó. Tomar conciencia desde la emoción, sentirlo en el cuerpo, de la cabeza a los pies. Quizás mientras todo pasaba estábamos aturdidos; nuestra capacidad de pensar, ausente, con demasiado miedo dentro. Pasado el momento, pensar en la situación de peligro puede costarnos, aún nos asusta, pero no se trata de eso. **El momento importante es el que marcó que el peligro había terminado.**

Por diversos motivos, este momento a **algunas personas les pasa desapercibido,** no llegan a sentir que ya pasó y continúan respondiendo como si el peligro siguiera ahí.

EJERCICIO

1. Pensemos en una de esas situaciones que vivimos, en las que pasamos miedo, y que al recordarlas todavía no se han vuelto neutras. Quizás no nos angustien como lo hicieron, pero aún nos generan intranquilidad.

2. Recordemos toda la secuencia de acontecimientos y tratemos de localizar **el momento en el que todo acabó.** Si fue un accidente, cuando nos dimos cuenta de que habíamos sobrevivido; si fue una relación problemática que tuvimos, cuando fuimos conscientes de que la relación había acabado; si se trató de una situación de *bullying*, el día que dejamos de estudiar en esa escuela...
3. Ahora recordemos con detalle ese momento:
   - Centrémonos en cuando el médico dijo que todo estaba bien y que estábamos fuera de peligro, en el abrazo de nuestros amigos tras el accidente, en la nueva casa en la que vivimos ahora tras terminar una relación, en la llegada a la nueva escuela.
   - Pensemos en la mayor cantidad de detalles posibles y veamos qué sensaciones vienen con esa parte de los recuerdos.
   - De entrada, puede que aún predomine el miedo u otras emociones negativas. **Movamos entonces nuestra lupa hacia las sensaciones más relacionadas con los momentos que nos informaron que todo había pasado. Quedémonos en ese momento, volvamos a él si nuestra cabeza divaga y veamos las sensaciones del cuerpo que parecen más conectadas con ese instante en particular.**

Es probable que aparezcan en nuestra mente muchos «Sí, pero...». Los accidentes pueden volver a producirse, los problemas en las relaciones son frecuentes y en nuestra vida de estudiante posterior seguramente no fue todo estupendo, pero no nos dejemos ir por ahí. Todo eso es cierto, pero también lo es que aquella situación concreta terminó, y lo que estamos haciendo en este ejercicio es centrar nuestra atención en el momento en el que fuimos conscientes de ello.

Repitamos este ejercicio a diario durante unas semanas, con paciencia, repetidamente, y comprobemos qué efecto tiene.

LA EVITACIÓN

Sigamos analizando el ejemplo del automóvil. Tras un accidente, a veces, la persona no vuelve a subirse al coche, de modo que ese momento clave del que estamos hablando no puede llegar a producirse, o lo hace solo por obligación, con lo que el nivel de tensión es mucho más elevado.

De hecho, en general, los que conducimos experimentamos un cierto nivel de alerta, incluso cierto miedo, al aprender a hacerlo. Al principio se trata de algo nuevo, que no controlamos, y somos conscientes de que pueden ocurrir accidentes. Al ir usando el coche con regularidad, nos vamos habituando y las señales de miedo van disminuyendo conforme la conducción se va volviendo algo familiar. Adquirimos, en cierta forma, el delirio de invulnerabilidad del que hablábamos al principio y casi nos olvidamos de que tener un accidente sea una posibilidad. Sin embargo, para muchas personas esto no es así. Uno de los motivos es que, dado que usar el coche les angustia, solo lo hacen en el último de los casos y, cuando no les queda más remedio que conducir, están más nerviosos que si hubieran practicado regularmente. Esto refuerza su idea de que conducir es muy desagradable, no importa cuántas cosas interesantes se puedan hacer gracias a ello o hasta qué punto pueda facilitar los desplazamientos.

Para perder el miedo, debemos convivir con él. Para que no nos aprisione, debemos abrazarlo. Para que no nos paralice, debemos movernos hacia él. Esto que estoy diciendo es claramente paradójico, parece totalmente contrario a la intuición, y por ello no lo hacemos. Sin embargo, la lógica no es la mejor consejera cuando hablamos de emociones humanas. Hay teorías que parecen tener mucho sentido, pero que no funcionan. Es aquí donde entra en juego un importante concepto, el de la **evitación.** Evitar una sensación desagradable, escondernos de lo que nos asusta, tiene mucho sentido, pero si lo hacemos sistemáticamente, el miedo marcará todos nuestros actos. Entonces no estaremos protegidos, solo seremos prisioneros, aunque nuestra cárcel sea invisible.

¿AFRONTAR O EVITAR?

Hay cosas que tiene sentido evitar. Lógicamente, si estamos ante un depredador, avanzar hacia él no supone ningún beneficio. Sin embargo, si empezamos a evitar mirar una foto de un depredador o un documental en la televisión, la cosa cambia. Cuando la evitación domina nuestra vida, más que una solución es una trampa y puede limitarnos muchísimo. En este mecanismo está la base de las fobias y es también un elemento clave del estrés postraumático. Hay modos de ir aprendiendo a afrontarlo, de modo progresivo, de recuperar el terreno perdido. Las llamadas **terapias de exposición** están basadas en esto, y han ayudado a muchas personas a superar sus fobias.

Sin embargo, esta no es toda la historia. A veces, debemos hacerle caso al miedo, y la evitación sería la acción más sensata. Por ejemplo, podemos mantenernos en relaciones dañinas y peligrosas y esto no hace que el miedo baje, solo nos vamos paralizando cada vez más. Aquí entra en juego mucho más que el miedo; aparece la impotencia y la indefensión aprendida de la que hablábamos en los primeros capítulos. Las fuentes de seguridad a veces están limitadas porque el otro es posesivo y rechaza nuestros vínculos fuera de la relación, o porque la vergüenza se impone y no nos atrevemos a contarle a nadie lo que nos está pasando. Nuestro sistema nervioso se acelera al máximo, pero esta energía no nos lleva a ningún sitio y podemos acabar viniéndonos abajo o autoanestesiándonos. Aquí la solución no pasa sencillamente por afrontar: tenemos que desbloquearnos y el primer paso es no tratar de hacerlo solos.

Nuestra capacidad de sentir miedo sin desbordarnos por ello se llama **tolerancia a la angustia.** Es algo parecido a la tolerancia a la incertidumbre que comentábamos en capítulos anteriores, pero la angustia es una sensación intensa que nos pone realmente a prueba. Por supuesto, el malestar es de por sí desagradable, como lo es el dolor, pero las personas tenemos distintos niveles de tolerancia a las sensaciones perturbadoras y, como regla general, cuanto peor nos llevemos con ellas, más crecerán y más lo dominarán todo. Algunas personas aguantan bien el dolor, incluso en niveles altos, mientras que otras la pasan fatal con grados de dolor mucho menores. A este respecto, los que se dicen «No soporto este dolor, quiero que se quite ya» suelen pasarla bastante peor. Lo mismo sucede con la angustia. Veamos si algunas de estas frases nos describen:

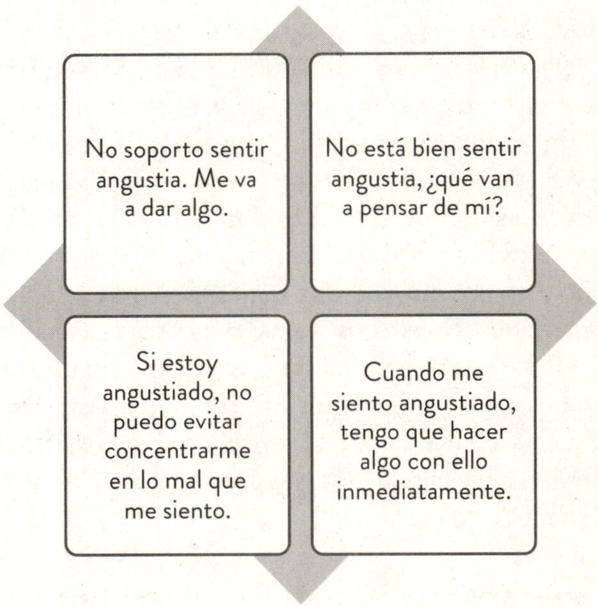

Si tenemos una baja tolerancia a la angustia, es posible que evaluemos las situaciones como mucho peores y que tendamos más a evitarlas. Cuando no hay forma de evitar completamente lo que nos hace sentir mal, la angustia puede llegar a ser abrumadora. Entonces podemos recurrir a lo que sea con tal de bajarla: beber alcohol, tomar tranquilizantes (que no pueden con nuestro poderoso cerebro) u otras drogas, autolesionarnos o pensar en morirnos como un modo de acabar con el dolor. Aquí la bola de nieve ya adquirió una gran envergadura y se van acumulando más y más problemas. Deshacer esta maraña de mecanismos y desactivar los espirales puede requerir ayuda profesional.

Por lo que sabemos de **Pandora,** es evidente que tenía una fuerte tendencia a la evitación, cosa que formó parte nuclear de lo que generó su problema de ansiedad. Este problema de evitación proviene de su baja tolerancia a la angustia. Tras una discusión con su jefe, no evitaba solo volver a trabajar, sino cualquier pensamiento o sensación que la hiciera sentirse angustiada y, cuando aun así se notaba ansiosa, todos sus intentos iban encaminados a quitarse la angustia. El único tratamiento que aceptó fue la medicación, porque tampoco toleraba mirarse para adentro y hablar de ello, y precisó de dosis altas porque el fármaco tuvo que bajar sin ayuda terapéutica toda la bola de nieve que se había armado dentro de ella.

El caso de **Soledad** puede ilustrarnos mejor en estas complejidades de cuándo afrontar y cuándo evitar. Soledad trabajó un tiempo como mesera en un local nocturno de la ciudad. Por entonces no se sentía decaída, como en los últimos años. Acababa de salir de su casa, con gran disgusto para sus padres, después de tres cursos de hacer como que estudiaba una carrera que no le interesaba en lo más mínimo. Se estaba permitiendo descarriarse, salir con chicos y hacer todo lo contrario a lo que sus padres habían proyectado para ella. En este contexto conoció a un chico apasionado, pero también intenso, complicado, y se enamoró de él de un modo doloroso. Era como si en esa relación pudieran aparecer todas las emociones que en su familia trataban de anularse en aras de la felicidad, que era una obsesión para sus padres. Con este chico podía pelearse de un modo espectacular y reconciliarse con la misma energía, podía llorar desconsolada cuando él no la llamaba durante días y ser su paño de lágrimas cuando él le hablaba de la muerte de su madre cuando era niño.

La relación era una montaña rusa emocional de la que Soledad disfrutaba tanto que las señales de alarma le pasaron desapercibidas. No vio que su novio se mostraba poco considerado hacia ella, desaparecía sin decir por qué y se molestaba si ella le preguntaba, hablaba mal de todos los amigos de Soledad y se ponía extremadamente celoso si ella pasaba tiempo con chicos en el trabajo. Con él empezó a tomar y a fumar marihuana con demasiada frecuencia y se fue acostumbrando a recurrir a ellos para calmar el estrés que la relación le generaba. Las peleas fueron en aumento y dejaron de resultarle excitantes, la dejaban cada vez con menos energía. Cuando ocurrían, él le mostraba al niño dañado que llevaba dentro y Soledad volvía a sentirse muy vinculada a él cuando podía cuidarlo. En realidad, cuidaba de la parte vulnerable de él mientras ignoraba la suya, que le decía que aquella relación cada vez tenía más costo emocional. Acabó en un estado de aturdimiento constante, vivía mecánicamente y su energía estaba en niveles mínimos. Eso hizo que tardara mucho tiempo, demasiado tiempo, en plantearse salir de la relación. Lo cierto es que no llegó a hacerlo, él acabó dejando que descubriera que le era infiel y, pese a todos los problemas, eso fue lo único que ella no pudo tolerarle. Constantemente se lo recriminaba y le lanzaba reproches, hasta que se generó la discusión definitiva y él la dejó afirmando que Soledad era una persona insoportable.

Pandora evitaba demasiado y necesitaba afrontar. **Soledad** habría hecho bien en salir de aquella relación, podríamos decir que afrontó demasiado cosas que no le hicieron ningún bien. Desarrolló una indefensión aprendida, que le fue haciendo dejar de buscar salidas y ahora, fuera ya de aquella relación, sigue tendiendo a respuestas pasivas. Esta sería el área nuclear que trabajar en su caso.

DESCONECTAR LA ALARMA

Ya vimos que el miedo nos activa «por si acaso», para estar preparados ante cualquier eventualidad. Imaginemos que estamos en casa y suena una alarma de incendios, no sería muy sensato seguir echados en el sillón y tomar una siesta. Nos ponemos de pie, empezamos a ver si huele a humo y de dónde podría provenir. Nos sentimos inquietos. Todo esto es el reflejo de múltiples sistemas de nuestro organismo calentando motores: enfocamos la atención en potenciales peligros, nuestros músculos se tensan —no vaya a ser que haya que salir a toda velocidad—, dejamos de lado cualquier cosa con la que estuviéramos entretenidos, porque la prioridad es comprobar la seguridad. Si efectivamente hay un incendio, la alarma nos habría salvado la vida.

Ahora imaginemos que la alarma suena de forma constante. O que es demasiado sensible y se pone a sonar con el humo de lo que estamos cocinando o de cuando fuma en la ventana el vecino del quinto piso. ¿Nos protege? Puede que una de esas muchas cosas que la activaron sí sea un incendio y pensaremos que valió la pena levantarse sobresaltado todas las demás veces, porque una de ellas fue importante. Sin embargo, las alarmas desajustadas pueden dar lugar a muchas situaciones que pueden ser incluso un peligro grave para nosotros.

Por ejemplo, la alarma puede sonar de modo escandaloso por las razones más diversas, pero curiosamente no inmutarse ante un incendio de envergadura, porque un exceso de estímulos la bloquea y deja de funcionar. O bien, después de habernos levantado miles de veces buscando un incendio inexistente, podemos acabar como en el cuento de Pedro y el lobo, dando por sentado que la vez mil una será lo mismo, y terminar calcinados. O estar tan histéricos por una alarma que nos aturde que ya nos da igual si se quema la casa o la ciudad entera. O que nos pase como a los que viven al lado de las vías del tren, que con el tiempo acaban por no oír el estrépito de los trenes pasando.

La única alarma que nos protege, por tanto, es la que suena cuando tiene que sonar, y en el nivel equivalente al grado de amenaza real. El miedo nos protege cuando distingue entre problemita, problema, peligro o riesgo grave, y nos moviliza hacia confirmar qué está pasando y qué opciones tenemos frente a ello. Así que, si nuestra alarma no funciona bien, debemos recalibrarla, y claro, no somos un aparato al que simplemente le tocan un botón y reinicia el sistema. Veamos, de un modo más realista, qué cosas pueden ayudarnos a ir bajando revoluciones.

- **Aprender a hablarnos de un modo que nos genere tranquilidad.** Quizás de entrada no podamos evitar que suene la alarma, pero sí podríamos apagarla en ocasiones, solo que no nos lo permitimos. Cuando tenemos este problema con el miedo, a la sensación de alerta se suma nuestra convicción de que sin esa alerta permanente estaremos desprotegidos. No es así, la alerta permanente solo nos agota. Podemos al menos darnos argumentos para bajarla: «Aquí no hay ningún peligro», «En este momento no está pasando nada», «Ahora estoy con personas de mi confianza». La parte de nuestro cerebro que reflexiona puede hablarles a nuestras áreas emocionales, sin regañarlas, sin obligarlas a bajar la activación inmediatamente, ayudándolas a centrarse en los elementos de seguridad más evidentes a nuestro alrededor. Es cierto, la alerta seguirá desviando nuestra atención hacia peligros potenciales, pero nosotros podemos reconducirla. La atención amplifica como una lupa aquello en lo que nos enfocamos.
- **Ayudar al cuerpo a soltar el miedo.** A veces, para poder soltar la activación, necesitamos descargarla físicamente: caminando, haciendo algún tipo de ejercicio físico, bailando... Es importante que, mientras lo hacemos, no estemos alimentando la angustia pensando en cosas terribles que podrían pasar o atormentándonos internamente. Pero también debemos evitar hacerlo «tratando de pensar en otra cosa», porque, si nos vamos al otro lado, es fácil que nuestro cerebro experimente un efecto rebote. Es mejor movernos en el medio: notemos la tensión, sin negarla, pero sin dar vueltas a su alrededor, y notando eso caminemos, saltemos, hagamos ejercicio... Ayudémosle al cuerpo a soltar. El efecto es más consistente si lo repetimos a diario o con frecuencia.

UN EJERCICIO PARA APRENDER A SOLTAR

1. Observemos las zonas donde notamos el miedo en el cuerpo.
2. Pasemos la mano por cada una de esas zonas, como si estuviéramos sacudiendo el polvo o quitándonos la arena de la playa, varias veces. Vayamos una por una, sin pelear con la sensación ni buscando una relajación inmediata. Solo notemos y pasemos la mano sobre la sensación, como ayudándola a soltarse.
3. Si la sensación está en los brazos o las piernas, aparte de hacer esto, sacudamos las extremidades, como cuando tenemos las manos mojadas y queremos sacudirles el agua.
4. Al terminar, observemos la sensación: ¿varió un poco? Si disminuyó su intensidad o la sensación es distinta, es suficiente. El objetivo del ejercicio no es llegar a la relajación absoluta, sino asociar la sensación a «soltar».

Disolver el miedo con calma

Decíamos que el miedo no desaparece, pero sí podemos diluirlo. Para ello debemos hacer aquello que nos ayude a llevar a nuestra mente y a nuestro organismo a un estado de calma: estar en un entorno relajante (salir del sitio del agobio y sentarnos en un parque o en una terraza al sol), pensar intencionalmente en lugares o personas que nos transmiten calma o seguridad, sin prisa, dejando que vengan las sensaciones que acompañan a esos recuerdos. Es diferente dejar a la mente y el cuerpo en «manos libres» y sin dirección (así es más fácil que vuelva a orientarse hacia potenciales peligros) que encauzarlos e irlos llevando, poco a poco, sin presión, hacia un estado emocional distinto. Cuando estamos muy angustiados, esto cuesta, pero puede ensayarse y —como todo lo que se practica— puede aprenderse.

Fijémonos en que esto es diferente de intentar pensar en otra cosa para no notar el miedo. No peleamos con el miedo; lo dejamos estar, lo notamos en el cuerpo, solo que llevamos nuestra mente a elementos asociados a otra sensación y dejamos que se mezclen, que se compensen. No apartamos ni forzamos, solo traemos y vemos qué sensaciones vienen con esas situaciones de mayor calma o bienestar. Esto funciona muy muy despacio y poco a poco. La distracción, pensar en otra cosa, funciona más rápido —si es que lo hace—, pero no dura mucho. En lo que a la regulación de las emociones se refiere, lo de «Pan para hoy, hambre para mañana» no suele ser muy rentable.

Introducir calma es más sencillo si antes descargamos la tensión, es decir, esta práctica es mucho más útil si antes realizamos el ejercicio de «aprender a soltar», dimos un buen paseo o ayudamos a nuestro cuerpo a deshacerse de parte de la presión acumulada.

PONER LA LUPA EN LA SEGURIDAD

Ya hablamos de la importancia del momento en el que comprendemos que un peligro ya pasó. Sin embargo, es importante insistir no solo en ese instante, sino también en los que vienen después. Lo que nos ayuda a recuperar el funcionamiento normal es la conciencia de que todo terminó y que las cosas ahora son diferentes. Supongamos que tuvimos que ingresar al hospital por una peritonitis, vimos la cara del médico y la de nuestra familia, entre preocupados y alarmados, nos operaron de urgencia, no hubo tiempo para prepararse, pero, al salir de la anestesia, el médico nos dice que todo está bien. Este **momento,** del que ya hablamos, es importante, pero luego vamos reuniendo **otras pruebas** de que todo está bien. Vienen visitas, con cara de alivio, empezamos a poder comer y a decidir si nos gusta o no lo que ponen hoy de menú. Damos nuestros primeros pasos: duele, pero el dolor nos deja bien claro que estamos vivos. Finalmente, salimos del hospital y vamos en el coche con la ventanilla abierta como si fuera la primera vez que vemos el mundo. Durante un tiempo, saborearemos los momentos conocidos como si fueran nuevos, comprendiendo la importancia de poder estarlos viviendo, de seguir en este mundo. **Conforme el miedo nos va abandonando, la seguridad se instala. Conforme respiramos seguridad, el miedo se va deshaciendo.**

Sabiendo cómo evoluciona el proceso cuando va solo, podemos ayudarlo si algo se atasca. Ya vimos que hacerlo cuando estamos muy asustados es difícil, porque nuestra capacidad de pensar se habrá desvanecido en gran medida, por ello es importante que busquemos los momentos de más calma, o al menos aquellos en los que el miedo baje, para tratar de ayudarnos. Es frecuente que los recuerdos más perturbadores nos vengan solos, tomándonos desprevenidos y desbordándonos. Cuando conseguimos apartarlos preferimos pensar en otra cosa, algo que nada tenga que ver con lo sucedido. Nuestro cerebro, en el fondo, tiene buenas ideas, pero debemos encauzarlo un poco. Lo que más nos interesa es **enfoncarnos en los indicadores de seguridad,** de forma frecuente, en distintos contextos.

Además, debemos conseguir que las buenas noticias lleguen adentro, notar las emociones relacionadas con los momentos seguros, observar dónde las percibimos en el cuerpo y quedarnos en ellas. No solo necesitamos *saber* que estamos a salvo, necesitamos *sentirlo*.

La **atención** es como una lupa que podemos manejar. Si la dejamos en automático, el cerebro dirige el proceso hacia donde intuye que necesitamos. Pero si vemos que el automático no nos interesa, debemos tomar las riendas. Sería como tener programada una ruta en un GPS y darnos cuenta de que la ruta que nos marca no es viable. Nuestro GPS no tiene actualizados los datos y tenemos que introducir nueva información. Podemos, entonces, llevar a nuestra mente a **concentrarse en los elementos seguros:** posibles salidas de la situación, sitios a los que agarrarnos, personas dispuestas a ayudar, etc. Debemos hacerlo en distintos momentos, parándonos un poco cada vez, repitiéndolo en días diferentes. El efecto no es inmediato, pero el cerebro empezará a procesar que algo es distinto, empezará a volver a la sensación de seguridad y a hacerla crecer en caso de que no la tuviéramos desarrollada.

Un lugar en el que encontrar indicadores de seguridad con facilidad son **las rutinas.** Si bien después de vivir una situación difícil no conviene volver enseguida a ellas, para darnos tiempo de descansar y recuperarnos; tampoco es conveniente abandonarlas por un periodo largo. Las rutinas nos devuelven a la vida cotidiana, a lo que podemos hacer sin esfuerzo, sin pensar. Cuando los soldados volvían de las grandes guerras y tenían que ser internados por las graves secuelas psicológicas del terror extremo, dedicaban mucho tiempo a tareas como hacer canastas o cuidar animales. Eran cosas que no les exigían un esfuerzo mental, pero a la vez estaban muy alejadas de lo que uno hace en una guerra. Seguían paso a paso tareas sencillas en las que no había que limpiar armas ni detectar enemigos, tareas con un resultado predecible. Las rutinas nos dan algo que se parece a la seguridad y nos ayudan a cambiar de estado emocional.

EJERCICIO

Para este ejercicio, necesitaremos contar con un diario o un cuaderno para escribir. Para acostumbrarnos a hacerlo cada día, puede ser útil colocarlo en la mesita de noche o en algún lugar muy visible.

1. Lo primero que debemos hacer es pensar en algo que nos dé seguridad. No hace falta que sea desde la lógica: pueden ser momentos, lugares, sonidos, personas, experiencias vividas. No busquemos una sensación potente, un momento extraordinario. Es más importante lo pequeño, no descartemos nada. Apuntémoslo en nuestro cuaderno.

2. Con cada momento que venga, observemos nuestras emociones, las sensaciones del cuerpo. Parémonos en ellas, respirémoslas. Quizás haya sensaciones mezcladas, pero usemos nuestra lupa, enfoquémonos en las más relacionadas con la seguridad. O la calma, si lo anterior nos cuesta.
3. Hagamos una lista larga, relacionando cada cosa con cada sensación que nos provoque; vayamos añadiendo lo que vaya sucediendo cada día y lo que vayamos recordando. Y cada día repasemos la lista, parándonos, notándonos. Iremos haciendo así una especie de «diario de seguridad» en el que recogeremos cualquier recuerdo o experiencia cotidiana asociada, aunque sea un poquito, a la seguridad. Si nos cuesta, empecemos anotando solo los mejores momentos del día, o simplemente los menos malos. Aprendamos a observar las sensaciones positivas, sin forzarlas, solo notándolas.

Para algunas personas, este puede no ser un ejercicio fácil. Puede que, si nos detenemos a pensarlo, la sensación de seguridad nos sea desconocida. Quizás tratar de encontrarla sea como mirar un mar turbio y tengamos que pararnos durante un tiempo, puede que con ayuda de alguien. Como ya comentamos, a veces no crecemos con la seguridad puesta, pero puede sembrarse y puede cultivarse. Abordaremos este tema en mayor profundidad en los siguientes capítulos.

PARTE 4

CUANDO NUESTROS MECANISMOS NO FUNCIONAN CORRECTAMENTE: SOMATIZACIONES Y TRASTORNOS MENTALES

POR LAS RENDIJAS

El miedo que no sentimos no es mejor que el que notamos que nos paraliza. Algunas personas entierran sus emociones tan adentro que ya ni saben que están ahí, y están convencidas de que no les asusta ni les afecta nada. Sin embargo, la emoción es un volcán que aprovechará cualquier grieta para salir a la superficie. En un estudio en Finlandia, Aino Mattila y varios colegas observaron a más de cinco mil adultos. Analizaron la relación entre un concepto denominado **alexitimia** y los síntomas físicos. La alexitimia es una dificultad para notar las emociones, reflexionar sobre ellas y expresarlas. Las personas que tenían dificultades para identificar sentimientos presentaban más síntomas físicos, independientemente de cómo estuvieran de deprimidas o ansiosas, o de cuántas enfermedades físicas de otro tipo tuvieran. Estos síntomas eran «inexplicables» desde el punto de vista médico, pero realmente estaban hechos de emociones saliendo por las rendijas del cuerpo. Como contábamos mi colega Lucía del Río y yo en un libro reciente sobre un tipo de problemas físicos de base emocional (los **trastornos conversivos**), «el cuerpo expresa lo que nos negamos a sentir».

Cuando el miedo no se percibe como tal, podemos centrarnos en sensaciones físicas y obsesionarnos con el temor de que ese síntoma somático tenga consecuencias funestas: nos volvemos **hipocondríacos.** La única solución sería encontrar una causa orgánica para el problema, pero, claro, por ahí no va la cosa y podemos hacernos mil pruebas sin llegar a ningún sitio. Cada vez que un análisis o una resonancia descartan un problema, se produce un gran alivio, pero la inseguridad sigue dentro y volvemos a preguntarnos: «¿Y si hay alguna causa oculta que aún no han encontrado?». Se forma así un espiral de miedo del que puede resultarnos muy difícil salir.

Bernardo nos ofrece un ejemplo de alexitimia: en un mismo día vivió un desastre doméstico y una discusión con su jefe. La reacción de Bernardo fue decir que no pasaba nada y que no era tan importante. Y, cuando un compañero de trabajo, viendo el desastre que se armó, le preguntó cómo estaba, respondió convencido «Bien». Esta era su percepción habitual de todo, pasara lo que pasara. Una conversación con Bernardo solía ser breve, nunca tenía mucho que decir, porque sin emociones las cosas se suelen ver un poco planas y grises. La señal de estrés más clara eran sus dolores de cabeza, que por supuesto no relacionaba con ninguna experiencia difícil.

Las somatizaciones tienen mucho que ver con este problema. Son patologías a medio camino entre lo emocional y lo corporal, entre la psicología, la psiquiatría y la medicina. La alexitimia es uno de los factores que pueden influir en que se desarrollen este tipo de síntomas, pero no el único. Como veíamos, es como si las personas alexitímicas no hubieran aprendido un lenguaje emocional, y es el cuerpo el que da señales de aviso. Otros individuos sí pasaron por emociones bien definidas, pero las encapsularon porque eran demasiado dolorosas o porque se trataba de una información imposible de encajar con el resto de su experiencia. El guardián de esas emociones apartadas es precisamente el miedo, miedo hacia adentro: a pensar o sentir, a esa parte de uno mismo, al dolor; y miedo al otro: a vincularse y también a perder a esa persona, a ser como ella y a no ser, a no existir en ausencia del otro. Todo esto, en el fondo, es miedo a algo de lo que no podemos escapar: nosotros mismos. Es un miedo cuya única solución es el reencuentro con quienes somos, la única posibilidad es abrazarnos, abrazar todos nuestros demonios con todas nuestras fuerzas y mirar a ese miedo a los ojos. Y sí, hacer eso da realmente mucho miedo. Hablaremos más de esto un poco más adelante.

Cuando nuestros mecanismos de anestesia no son suficientes y ya no conseguimos «barrer más debajo de la alfombra», podemos recurrir a poner encima una alfombra más gruesa y pesada y beber alcohol o consumir sustancias que nos hagan no pensar (otro objetivo imposible). El alcohol, las drogas o los psicofármacos cumplen distintas funciones, pero es frecuente que **las adicciones** intenten amortiguar emociones con las que ya no sabemos qué más hacer. Cuando falla el control interno, recurrimos al control externo. Muchas adicciones no son a sustancias, sino a objetos, actividades o a personas que nos mantienen aturdidos, desconectados de nosotros mismos. La desconexión parece una buena alternativa al desbordamiento, pero solo cuando en algún momento nos paremos a levantar las alfombras y hagamos una buena limpieza general. Por ello, para salir de una adicción, en la mayor parte de los casos la solución no es la abstinencia, sino, como dice mi colega Miguel Fuster: la conexión con uno mismo y la conexión verdadera y genuina con los demás.

El coctel de tener una angustia desbordada, no notar ni saber describir sentimientos (todo es angustia) y tener dificultades para conectar con los demás suele asociarse además a otro fenómeno: **las obsesiones.** Las preocupaciones hipocondríacas que veíamos antes son síntomas obsesivos, pero hay muchos otros temas con los que puede ocurrir algo similar. Muchas personas tienen pensamientos recurrentes que los atemorizan, sienten que deben hacer las cosas una y otra vez para evitar el peligro, o tenerlo todo en orden para que no les pasen cosas malas a ellos o a sus seres queridos. A veces tienen que lavarlo todo compulsivamente por temor a ser contaminados. Sin llegar a esos extremos, podemos sufrir distintas obsesiones, que fuera de toda lógica se apoderan de nuestra mente. Le damos a determinados elementos un valor desproporcionado, por ejemplo: nuestra nariz llevará a que todos nos rechacen, cometer un error se siente como el fin del mundo, podemos obsesionarnos con una persona, con un hecho pasado o con una posibilidad futura... Probablemente podemos obsesionarnos con cualquier cosa.

TRASTORNO OBSESIVO COMPULSIVO O TOC

Cuando se da este problema, la persona suele reunir un coctel de diversos tipos de distorsiones:

- La persona está **convencida de que van a pasar cosas muy graves,** de que acontecimientos remotamente posibles van a ocurrir. Por ejemplo, puede angustiarse por contagiarse de una enfermedad poco frecuente, para la que ni siquiera tiene factores de riesgo.
- Se siente **responsable de todo** (incluso de problemas que están claramente fuera de su alcance). Por ejemplo, puede pensar que pequeños actos cotidianos pueden hacer que otras personas sufran un accidente.
- **No tolera la incertidumbre,** las cosas deben estar claras y ser predecibles, debe saber siempre a qué atenerse y qué va a pasar.
- **Las pequeñas amenazas pueden adquirir dimensiones catastróficas:** ve solo las posibilidades más extremas y negativas.
- **Les da a los pensamientos un valor que no tienen.** Por ejemplo, la persona cree que, si cuando está enojada con alguien, piensa: «Dios mío, lo mataría», eso es moralmente lo mismo que ser una asesina.
- La única alternativa que cree tener para manejar esto es el **control,** y trata de mantener sus pensamientos controlados en todo momento. Esto suele generar un efecto rebote y, precisamente por intentar evitarlos, los pensamientos se vuelven más insistentes.
- La **perfección** es lo único aceptable, no tolera ningún error ni ninguna imperfección, y cree que siempre hay una solución perfecta para cada problema, y una decisión «correcta» para cada disyuntiva.

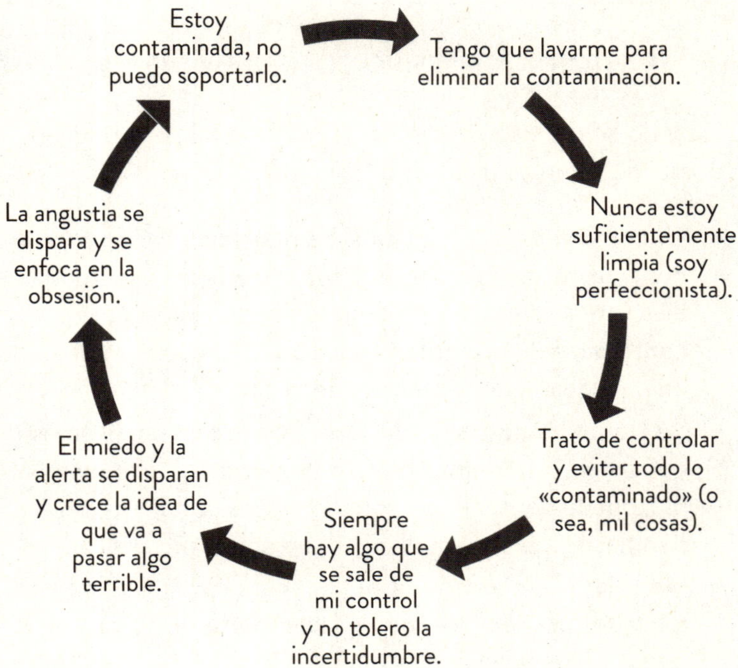

Hablábamos en el apartado «El miedo nunca es nuevo» de cómo nuestro cerebro se empeña en hacer conexiones para contar con la mayor cantidad de información posible a la hora de salvarnos la vida. Si una experiencia que vivimos fue traumática, el cerebro no la descartará y, aunque no pensemos en ella, el recuerdo de lo ocurrido se quedará almacenado en nuestro sistema nervioso y podrá reactivarse en cualquier momento. Por ejemplo, si un hijo nuestro tiene que someterse a una operación sin importancia, pero años atrás sufrimos un aborto y «salimos adelante» demasiado pronto tratando de quitarle importancia a lo sucedido, puede que ahora con la enfermedad de nuestro hijo nos entre pánico a que pueda morir, un pánico que sabemos irracional. Estos recuerdos muchas veces no están bien integrados y, cuanta menos conciencia tenemos de su influencia, más operan a nivel subterráneo. Encontrar estos recuerdos, desbloquear las emociones que se quedaron ahí, puede tener un efecto potente para reducir los miedos del presente.

Estos recuerdos previos conectados con nuestras sensaciones actuales no son siempre evidentes. Cuando este es el caso, debemos convertirnos en investigadores de nuestra propia historia, y para ello necesitamos una actitud esencial: **la curiosidad.** Cuando no entendemos de dónde sale la ansiedad, porque aparentemente a nuestro alrededor no hay motivos para ello, muchas personas juzgan negativamente su reacción, se regañan internamente por ser exagerados, piensan que no tienen por qué ponerse así. A veces el entorno social refuerza esta tendencia con comentarios similares, que más que ayudarnos a entender, solo incrementan el malestar y alimentan nuestros **espirales rumiativos:**

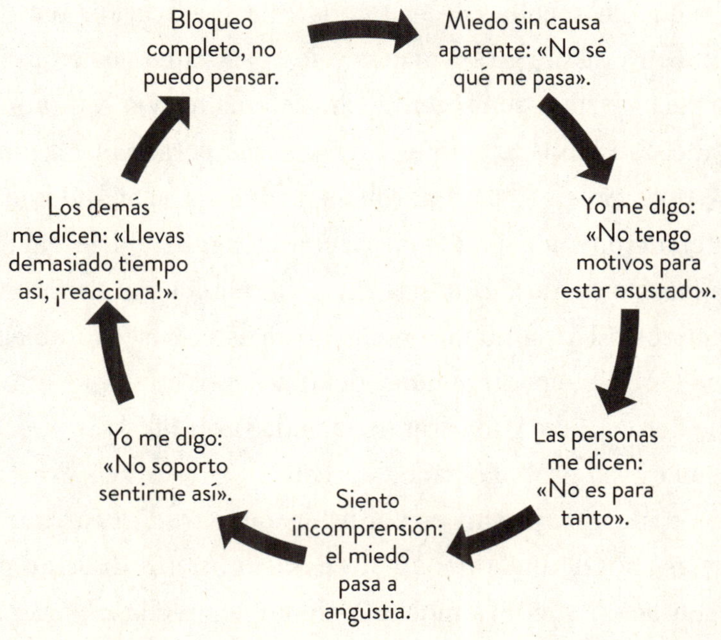

Estos espirales rumiativos no se generan solo con respecto al miedo, sino que también pueden aparecer en relación con otras emociones. Por ejemplo, la tendencia a la rumiación es muy frecuente en los **cuadros depresivos,** asociada a la tristeza (y también a una baja tolerancia a sentirla). La persona se enoja consigo misma por estar sin hacer nada, por no salir adelante, por culpas antiguas..., por todo. Como me explicó muy bien una de mis pacientes: «Me enojo conmigo misma, porque mientras estoy molesta no noto lo triste que estoy». Claro, luego la tristeza crece y el espiral toma cada vez más velocidad. La poca energía que tiene la persona deprimida se invierte en cavar hacia abajo y de vez en cuando darse en la cabeza con la pala. Esto, por supuesto, no es un ejercicio voluntario que pueda solucionarse simplemente dejando de hacerlo, pero es importante tomar conciencia de que es una tortura añadida que aumenta más y más el sufrimiento. Muchas veces, para salir de un estado de profunda melancolía, necesitamos una medicación que haga que nuestra mente gire a menos velocidad y que nos empuje un poco hacia arriba, que regenere un sistema nervioso totalmente agotado. Sin embargo, no es raro que las personas con depresión grave, precisamente porque se culpan y se abandonan, no acepten de buena gana los medicamentos que podrían ayudarlos o los toman de forma irregular, lo que los hace totalmente inefectivos. El aislamiento frecuente en estos casos también hace que les cueste pedir ayuda y dejarse ayudar, aunque esta forma de descuidarse y maltratarse puede venir de atrás y ser más antigua que el propio estado depresivo.

Si, en lugar de juzgarnos por estar mal y tratar de evitar sentirnos así, nos detuviéramos a **observar con curiosidad** nuestras sensaciones, podríamos reflexionar sobre ellas. Es cierto, lo que está ocurriendo ahora no basta para explicar lo que nos pasa, pero si lo vemos en conjunto, puede cobrar sentido. También es posible que no haya un desencadenante evidente, ni siquiera cuando nos remontamos mucho tiempo atrás, porque la ansiedad se va generando por acumulación, gota a gota, hasta que se desborda con la última, quizás algo absolutamente insignificante. La depresión puede llegar después de años de sobrecarga y la adicción empezar como un consumo social que acaba haciéndose demasiado importante. No se trata de buscar una clave, una sola cosa que lo explique todo, pero sí de entender qué nos trajo al punto en el que estamos. El mismo hecho de mirarnos sin juzgarnos, tratando de entendernos, puede ser en sí mismo tremendamente reparador.

Volviendo al ejemplo que veíamos antes de la persona con TOC que tenía que lavarse constantemente, podemos entender más lo que le ocurría si nos paramos a explorar el origen de la angustia que sentía y de su dificultad para tolerarla. En este caso, ella tenía muy clara la conexión: de pequeña había sufrido un abuso sexual, y la experiencia le había generado un intenso asco y vergüenza. «Quería sacarme aquel olor del cuerpo como fuera, me sentía sucia, así que me lavaba y me lavaba..., y hasta hoy». Haber vivido esto era lo que realmente no podía asimilar, y su cerebro peleaba contra esas sensaciones por todos los medios a su alcance y, como ya sabemos, **pelear contra nuestras emociones no suele llevar a ningún sitio productivo.** Trabajar sobre las obsesiones sin tener en cuenta dónde habían empezado no había ayudado demasiado en su tratamiento: tenía sentido trabajar directamente sobre la experiencia del abuso.

¿PUEDEN RESOLVERSE LOS RECUERDOS TRAUMÁTICOS?

Obviamente no tenemos forma de borrar un recuerdo, pero sí es posible que, por muy duro que sea, pueda perder toda su carga emocional. Muchas veces solo el tomar conciencia de que tenemos experiencias que siguen siendo heridas abiertas ya ayuda, deja que les dé el aire, podemos verlas desde el momento presente, podemos compartirlas y podemos deshacerlas.

Si todas estas cosas no nos funcionan, hay muchas terapias específicas que trabajan con trauma desde distintas perspectivas y que han demostrado científicamente su eficacia. Aquí tenemos algunas de ellas:

- Desde la **terapia de conducta** se ayudaría a la paciente a afrontar el recuerdo, sin evitar las sensaciones, y a mantenerse en contacto con ellas hasta que se habituara y empezaran a disminuir.
- En la **terapia cognitiva** se trabajaría sobre los pensamientos y creencias distorsionadas relacionadas con esas experiencias.
- Con **terapia** EMDR se trabajaría con el recuerdo para desbloquearlo gracias a los movimientos oculares u otras formas de estimulación bilateral hasta que se neutralizaran por completo las emociones perturbadoras asociadas a él.

No nos resignemos a cargar en nuestra mochila con piedras que no nos aportan nada y que son un gran lastre para ir por el mundo. Haya pasado el tiempo que haya pasado, pueden resolverse. No voy a pararme demasiado en estos aspectos en este libro que, para los lectores interesados, están tratados con mayor profundidad en *Las cicatrices no duelen*.

Tengamos cuidado con las preguntas que nos hacemos. Que haya en nuestra cabeza muchas frases de tipo «¿Por qué...?» no implica que nos estemos aproximando al tema desde la curiosidad y el genuino deseo de comprendernos mejor. A veces, los porqués son solo juicios, látigos con los que nos flagelamos por estar mal, por ser débiles y por no sentirnos capaces de afrontar la vida. Tratemos de pensar en lo que nos pasa, del mismo modo que intentaríamos ayudar a una persona a la que queremos mucho, imaginando que se siente como nos sentimos nosotros. Mirémonos como nos gustaría sentirnos mirados o difícilmente conseguiremos ver nada.

MIEDO AL PASADO

Algunas cosas que nos sucedieron fueron terribles, tanto que mientras ocurrían pensamos que no podríamos con ellas, que si seguíamos sintiendo todo aquello nos romperíamos o nos engulliría el más negro de los abismos. Cuando, como podemos, salimos adelante, lo último que queremos es volver a sentir aquello. En nuestra mente podemos verlo como si recordar fuera equivalente a vivir de nuevo esas experiencias. De modo que, cada vez que algo nos hace evocarlas, las empujamos con fuerza hacia el pasado. Paradójicamente, **esta tendencia dificulta que podamos dejarlas atrás definitivamente.**

Muchas veces las emociones que quedan aún de la experiencia son solo una pequeña parte de lo que sentimos.

La mayor parte de la reacción emocional que nos generan los recuerdos se deriva del miedo que nos da recordarlos.

Cuando finalmente conseguimos ir disminuyendo este miedo, el recuerdo se ve mucho más pequeño y desmenuzarlo puede ser un trabajo relativamente rápido. Puede parecer imposible que algo que fue muy duro se vea pequeño, pero esto no tiene que ver con que no fuera grave o importante, sino con que lo vemos desde muy lejos. Cuando trabajamos experiencias difíciles en psicoterapia —esas que, aunque hablemos de ellas o les demos vueltas, siguen ahí— puede ocurrir lo mismo. Lo que realmente lleva tiempo es que la persona tome la decisión de **mirar de frente su historia y dejarse sentir todo lo que esta le genere.** En esa historia puede haber mucho dolor, pero **el dolor puro, cuando por fin puede llorarse sin bloqueos, sin reproches, sin pelea interna y sin pelearnos con el mundo, solo se llora una vez.** Abrazar nuestro dolor, el más intenso y terrible, parece por un instante que va a destruirnos, pero esa sensación es en realidad una puerta. Al otro lado de esa puerta está una vida en la que todo esto podrá realmente quedar atrás e irse disipando.

Alma tardó mucho tiempo en hablar con alguien de la historia de *bullying* que arrastraba y más aún en entender que con hablarlo no bastaba y animarse a hacer terapia. Llegar a trabajar estos recuerdos no fue fácil, porque, aunque sabía que ahí había un núcleo importante de dolor, el miedo a revivir aquello la jalaba siempre para atrás. Cuando lo contó al terapeuta por primera vez, pasó por encima, describiéndolo como un asunto puntual que «tenía superado». Al ir entrando más a fondo, cada vez que se planteaban abordar esos recuerdos, a Alma se le ocurría otro tema urgentísimo que tratar o se olvidaba de las citas, una cosa nada habitual en ella. Requirió tiempo para que perdiera el miedo a recordar y el miedo a sentir vergüenza, algo muy lógico, porque llevaba toda su vida tratando de evitar sentir aquello. Cuando al fin pudo trabajar aquellas experiencias a fondo y los recuerdos perdieron fuerza, le pareció sorprendentemente fácil mirar aquella etapa. El miedo a recordar era lo que causaba la mayor parte de la perturbación. Por fin pudo pensar en esos tiempos y *sentir* que habían acabado, sentirse segura.

Si nos cuesta recordar sin meternos de lleno en la experiencia, es importante que nos **anclemos al presente.** Hay un punto medio entre sumergirnos en un recuerdo y desconectarnos de él. Cuando conseguimos poner un pie en el pasado y otro en el ahora, nuestras memorias de uno y otro lado de la orilla empiezan a conectarse y los núcleos dolorosos se diluyen. Algunas cosas pueden ayudarnos:

☞ Si nos preocupa el viaje, **no lo hagamos solos,** sino en buena compañía, como la de un amigo por el que nos sentimos entendidos. Si es algo muy complejo y el apoyo de alguien cercano no es suficiente, podemos trabajar en ello con un terapeuta.

☞ **Busquemos el momento y el lugar:** si lo hacemos en un mal día, en la oscuridad o cuando estamos cansados, nos lo pondremos más difícil. Busquemos la luz, un día en el que estemos más tranquilos y con energía para el viaje.

- Antes de emprender el viaje, **llenemos la maleta de seguridad**: recordemos a las personas que nos han ayudado, las que han estado ahí a lo largo de nuestra vida o en momentos clave; hagamos memoria de las situaciones en las que pudimos afrontar cosas difíciles o de los recursos que empleamos.

- Cuando los recuerdos nos asaltan y nos toman desprevenidos, no estamos preparados para lidiar con lo que nos hacen sentir, pero si **los vamos a buscar,** la posición cambia: somos nosotros quienes vamos por ellos.

- **Pongámoslos afuera:** hablémoslos, escribámoslos, dibujémoslos, cantémoslos. Usemos las vías que nos resulten más fáciles y naturales.

- **Distanciémonos un poco:** podemos imaginarnos que viajamos por esa etapa en un tren, viendo acercarse las escenas por la ventanilla y observando cómo quedan atrás conforme vamos avanzando. También podemos imaginar que nuestra historia es una película proyectada en una pantalla y que nos situamos a la distancia de ella que elijamos.

- **Hagamos viajes cortos:** solo un par de estaciones y volvamos a nutrirnos de seguridad, a repasar personas, momentos y recursos de los que absorberla. Por cada vez que vayamos a un recuerdo difícil, traigamos al menos tres elementos que nos transmitan seguridad.

Primero, recordémoslo con calma, parémonos a notar en el cuerpo las sensaciones que nos genera. Si el recuerdo negativo nos abruma mucho, no hace falta que entremos en él, simplemente notemos por un momento el miedo que nos da entrar y pasemos a recorrer, notar y absorber seguridad en todos los momentos asociados a ella. Es mejor ponérnoslo fácil y poder repetirlo con frecuencia que tratar de hacer mucho de una vez y pasarla fatal, porque con eso solo hacemos crecer el miedo al recuerdo, que es precisamente lo que necesitamos que se desvanezca para poder mirar esa experiencia con perspectiva.

Cuando nuestras experiencias difíciles superan nuestra capacidad para irlas deshaciendo y el apoyo de nuestras personas cercanas no basta, **la psicoterapia es una buena opción que**

considerar. En concreto, las terapias orientadas al trauma pueden ayudar a que nuestra historia deje de ser una herida abierta y, por tanto, de doler. Lo que no debe ser una opción es resignarnos a meter el dolor en una caja fuerte. Esto con la mente humana no funciona bien.

CUANDO LAS COSAS DAN TANTO MIEDO QUE YA NI SIQUIERA DAN MIEDO

> Trauma es lo que se pone en marcha
> cuando la acción no es posible.
>
> JUDITH HERMAN

En algunas historias el peligro está presente, en sus distintas versiones, y el miedo es la banda sonora. No solo en las familias, sino también en los entornos sociales. Algunas personas nacen y crecen en barrios peligrosos, en países donde la vida vale poco. Muchas son expuestas a situaciones de estrés extremo, como las guerras o la trata de seres humanos. Los gobiernos autoritarios se apoyan con frecuencia en el terror para controlar a la población: se castiga de formas terribles a los disidentes, se corta toda comunicación con el exterior, se anula toda posibilidad de respuesta activa, no hay forma de luchar sin morir o poner en riesgo a las personas queridas, no hay opción de escapar. La única posibilidad son las respuestas pasivas, como la sumisión, y una continua inyección de miedo anula la capacidad de pensar y de tomar decisiones. El único objetivo es sobrevivir.

Cuanto más intensas son estas situaciones, mayor es el riesgo de traumatización, aunque los seres humanos desarrollan sistemas de adaptación. Recurrir a los vínculos es uno de ellos, como veíamos: un apego seguro reduce el impacto de la guerra en los niños y apoyarnos en el grupo aumenta nuestra sensación de seguridad ante el peligro. Si no tenemos apoyos o no son suficiente para neutralizar el daño, la otra opción es la anestesia. Podemos desconectarnos emocionalmente hasta tal punto que dejamos de notar el dolor. Estos sistemas de emergencia pueden permanecer activos mucho tiempo después de que las situaciones que los pusieron en marcha hayan terminado.

Luda Merino se hizo famosa en Twitter al explicar su proceso de anestesia. Fue adoptada en un orfanato ruso con apenas tres años, y describía muy bien cómo se pone en marcha este mecanismo. Como ya dijimos, los bebés lloran para que alguien venga a atenderlos cuando les duele algo o tienen hambre. En los orfanatos, donde escasea el personal, estos llantos no son atendidos la mayor parte de las veces y los niños acaban por dejar de llorar, interiorizan que su dolor no se asocia a recibir ayuda y la única opción es anular el dolor. Luda explicaba: «Lo primero que sorprende cuando entras en cualquier orfanato es el silencio sepulcral que hay, a pesar de que estén en las cunas muchísimos bebés. Eso es muy llamativo».

El problema de la anestesia es que lo abarca todo, incluyendo el miedo. La madre de Luda se asustaba por las conductas de riesgo que la niña tenía: se aproximaba a cualquier extraño para recibir afecto o seguía cualquier impulso. Parecía una niña fuerte porque aparentemente resistía el dolor y nunca lloraba, pero esto no era más que un síntoma del problema. A ella los que se asustaban o lloraban le parecían débiles, pero gracias al afecto de su madre adoptiva y a cierto tiempo de vivir en un contexto seguro, Luda pudo, en la adolescencia, llorar por primera vez tras su llegada a España. A partir de ahí se hizo más consciente del proceso de desconexión y comenzó a poder influir sobre él, aunque cuando lo hacía notaba que estaba en hiperalerta. Empezó a dejarse conectar, a quejarse, a llorar... Todo esto fue cambiando conforme sentía que podía permitírselo.

Aunque no tan temprano, algo así le pasó a **Soledad.** La primera etapa de emociones disparadas con su tormentosa relación de pareja fue dando lugar a un estado de agotamiento y de anestesia emocional. La experiencia la anuló de tal modo que su cerebro empezó a ser incapaz de procesar lo que estaba pasando. De hecho, sus recuerdos de muchos momentos eran como una niebla densa, pensar en aquello la hacía sentir muy confusa y, durante mucho tiempo, dejó de sentir. Aun cuando habían pasado años, su capacidad de disfrutar y de notar malestar estaba como entumecida, y muchas veces lo único que notaba era cansancio. Esta anestesia también contribuyó a que tardara en reaccionar y dejar aquella relación que tan nociva era para ella. Sin notar nuestras emociones, los sensores que nos dicen lo que necesitamos y lo que nos hace daño no funcionan adecuadamente.

Francine Christophe cuenta una experiencia que explica qué tan intuitivos son estos procesos y también pone de manifiesto el poder de la conexión frente al miedo. Con once años, fue deportada con su madre al campo nazi de concentración de Bergen-Belsen. En un testimonio, que puede encontrarse en el documental *Hu-*

man, de Yann Arthus-Bertrand, explica la presencia y acompañamiento de su madre en ese tiempo y cómo ayudaron a una compañera de cautiverio que estaba embarazada a dar a luz en aquel lugar. Describe el papel esencial de las pequeñas cosas y cómo pueden salvarnos la vida. Pero, sobre todo, lo interesante para el tema que nos ocupa es que el bebé que nació no lloró ni una lágrima durante los meses de encierro que siguieron al parto. La primera vez que lloró fue cuando el campo fue liberado. Es decir, incluso antes de entender lo que hay a nuestro alrededor y de ponerle nombre al peligro, el miedo ya nos guía instintivamente. Y también, en los contextos más extremos, es la conexión lo que nos salva.

EL MIEDO TAMBIÉN HAY QUE DORMIRLO

Todos sabemos que dormir es importante, pero en lo relativo a nuestro tema el sueño tiene un efecto en cómo el miedo se queda grabado y en cómo puede irse reduciendo.

Dormir no es solo descansar. Durante la noche se está produciendo una intensa actividad cerebral, que tiene mucho que ver con nuestra memoria. Los recuerdos de las cosas que nos suceden, cuando son significativos, deben consolidarse pasando al archivo de «cosas que puedo necesitar». Muchos de estos procesos ocurren por la noche, soñamos como parte de todo este complejo mecanismo. En las distintas fases del sueño es como si nuestro cerebro se pusiera como Marie Kondo a tirar todo aquello que no nos sirve, todo lo que no es significativo, y a dejar guardado y perfectamente clasificado lo que puede ser de interés.

Mientras soñamos, nuestro cerebro decide qué recuerdos son prioritarios, los enlaza con recuerdos previos y los consolida en redes de memorias interconectadas. Muchas zonas del cerebro se activan para generar un aprendizaje emocional y tendrán un papel en si el miedo se queda asociado a un recuerdo o si se va extinguiendo.

Dormir no es ni mucho menos estar relajados, aunque necesitamos estarlo para que el sueño venga. En los periodos de sueño pasamos por dos fases muy distintas. Durante el sueño REM (llamado así porque en él se producen movimientos oculares rápidos, *rapid eye movements,* en inglés) nuestro cerebro tiene una actividad similar a cuando estamos despiertos, se mueve en ondas rápidas, y es en esta fase cuando tenemos más sueños. En la fase no REM, el ritmo de las ondas cerebrales es más lento, es lo que llamamos **sueño profundo.** La fase REM parece tener más que ver con los recuerdos emocionales, mientras que en la fase no REM se consolidarán recuerdos más verbales. Pasamos de una a otra varias veces cada noche, y estos cambios también parecen ser necesarios. Cuando se hacen experimentos suprimiendo una u otra fase, el aprendizaje se ve alterado. De modo que, aunque no sea posible la fantasía de muchas personas de ponerse un audio por la noche y despertarse hablando fluidamente un idioma, en realidad sí aprendemos por la noche.

Soñamos para recordar
y soñamos también para olvidar.

Algunos recuerdos se desechan o pierden fuerza, mientras que otros se registran como más significativos. Los recuerdos que están en el **almacén temporal** (un área del interior del cerebro denominada *hipocampo*) serán transferidos a un área de almacenamiento más permanente en la parte externa del cerebro (la **corteza cerebral**), conectados y distribuidos en redes de memoria. Y no son solo los recuerdos de lo que pasó (recuerdos episódicos), sino los de cómo hacer algo (memoria procedimental) y los que son emocionalmente significativos (memorias emocionales).

En lo que respecta específicamente al miedo y la seguridad, el sueño tiene relación con que nos habituemos mejor a cosas que nos inquietan y nos dan miedo. En algunos experimentos en los que las personas se habituaban a imágenes desagradables, los que dormían una buena siesta tenían después menos reacción emocional ante esas imágenes que los que simplemente descansaron estando despiertos. Si algo que nos asustaba empieza a darnos menos miedo, esta sensación de que el temor disminuyó será más clara después de haber dormido. Además, durante el sueño REM puede grabarse de forma más profunda la memoria de la seguridad, de la que hablamos mucho a lo largo de este libro, y al despertar seremos más capaces de diferenciar seguridad y peligro.

Sin embargo, dormir no siempre es la solución. De hecho, en las personas que sufren estrés postraumático, soñar una y otra vez con el trauma que vivieron es un síntoma habitual, pero no resuelve el problema. Es como si el cerebro intentara hacer lo que sabe, conectar y organizar los recuerdos, pero la emoción es tan intensa que no es capaz, y la persona muchas veces se despierta en medio de una pesadilla. Nuestro cerebro puede hacer mejor su trabajo de noche si durante el día lo ayudamos, como describimos en este libro, de lo contrario nuestro sistema nervioso se encontrará al final del día con demasiado trabajo pendiente. Tampoco está claro que dormir inmediatamente después de algo que nos afectó sea productivo, ya que, al igual que el sueño consolida la memoria de seguridad, también puede consolidar la memoria del miedo, de modo que probablemente es mejor darnos un tiempo para asentarlo, despejarnos y luego descansar.

Muchas personas desarrollan cierta fobia a irse a dormir, entre otras cosas porque de noche los recuerdos vuelven (ahí no podemos evitarlo) y dan vueltas en nuestros sueños. Podemos despertarnos con la misma sensación angustiosa, y para evitarlo no vemos otra alternativa que no dormir, algo, por otro lado, poco realista. Además, durmiendo poco y mal, nuestra gestión emocional se hará cada vez peor. Si tenemos miedos que nos bloquean, esto es lo último que necesitamos.

Como siempre, el otro extremo tampoco es aconsejable. Algunos lo arreglan todo durmiendo, así que, cuando tienen un problema que les angustia, da igual la hora del día que sea, se meten a la cama y apagan las luces tratando de que les venga el sueño. Como no es posible forzar así nuestros biorritmos, suelen añadir medicación o cualquier otro método que genere un sueño artificial, pero casi nunca se trata de un sueño reparador, sino más bien intranquilo, intercalado con muchos ratos eternos de darle vueltas a las cosas.

Un poco más atrás hablamos de **Alma,** que había tenido una historia difícil en la escuela durante varios años. Era una niña algo tímida y sensible y sus compañeros empezaron a meterse con ella. Mientras más roja se ponía y más temblaba, más se ensañaban y, durante varios años, se limitó a sobrevivir. Al salir de la escuela, sobre todo los días difíciles, se iba a casa, decía que tenía fiebre y se metía a la cama. Su madre la veía acalorada, y ella aprendió a frotar el termómetro para que su historia fuera creíble: su «solución» era intentar dormir. El tema es que dormir no ayuda; dormir consolida y archiva los recuerdos, tanto los de seguridad como los de miedo. Habría sido mejor dar una vuelta, hablar con alguien, ver una película en el sillón con sus padres, pero no quería correr el riesgo de pensar. Contárselo a alguien habría aumentado la vergüenza que notaba y, a la vez, esa emoción (y el miedo a sentirla) la jalaba hacia adentro y la retraía aún más. En su vida adulta y al tener problemas en su lugar de trabajo, su tendencia fue exactamente la misma, irse a casa, cerrar las persianas y tratar de dormir ayudada por las pastillas, lo cual no sirvió mucho para ventilar las emociones de lo que había pasado ese día.

Aunque todo lo que ocurre mientras dormimos es muy complejo y faltan muchas cosas por descubrir, el resumen de este capítulo es que **no todo lo que podemos hacer para gestionar mejor el miedo y conectar con la seguridad forma parte de procesos conscientes que hacemos estando despiertos.** Algunas personas se esfuerzan mucho por cambiar el modo en el que se sienten o en el que afrontan las cosas, pero se olvidan del pequeño detalle de que dormir es importante. Ahora tenemos algunos argumentos más para darle tiempo a nuestro cerebro de hacer su trabajo.

TRANSFORMAR EL MIEDO

Muchas personas que pasaron por situaciones difíciles han escrito sus historias, han reflexionado sobre ellas, las han pintado, las han convertido en música. En estos procesos se van deshaciendo nudos y tejiendo significados. Cualquiera de estas actividades tiene, además, efectos beneficiosos sobre el miedo.

Lucía recordaba tener algunos malos días de pequeña. Su madre era una persona afectuosa, pero su padre era más introvertido y no solía expresar tan claramente el afecto. Sin embargo, Lucía sabía que la quería y guardaba algunos recuerdos en los que ella llegaba a casa con cara de «No puedo más», se tiraba en el sillón a ver algo en la tele que no le interesaba mucho, y su padre, sin decir nada, le tomaba la mano y así se quedaban un buen rato. Cuando Lucía tenía nueve años, suficientes para darse cuenta, la cara de su padre se volvió más cerrada. Sabía que discutían a veces, aunque no oía lo que decían. Su madre intentaba hacerlo entrar en razón. Luego supo que habían tenido problemas económicos, que su padre había puesto en marcha un negocio que no había sabido gestionar (no tenía carácter para ello) y que su madre había tenido que pedir ayuda a su familia. Poco después, su madre empezó a trabajar y a estar menos en casa con ella y con su hermana. Su padre estaba, pero no estaba.

Esa parte fue larga y complicada, porque además la familia de su madre nunca había aceptado a su padre, y esta coyuntura les había dado a los abuelos de Lucía motivos para soltarle a su hija numerosos «Te lo dije». Las veces que Lucía recordaba que sus padres discutían solían tener que ver con todo esto, y esas escenas la acompañaron a lo largo de su infancia. Suerte que su hermana, cinco años mayor que ella, siempre estuvo ahí y las dos tenían largas conversaciones sobre todo aquello, que la fueron ayudando a entender lo que estaba pasando. Su madre, dándose cuenta a veces de que las chicas habían tenido que oír sus discusiones, se acercaba a su habitación y les decía: «No se preocupen, lo arreglaremos, los mayores a veces discuten para arreglar las cosas». Lo cierto es que no lo arreglaron, el destino vino a echarles una mano. La abuela, origen de la hostilidad hacia su padre, murió cuando Lucía tenía doce años y, aunque su madre estuvo triste durante un tiempo y la veía llorar disimuladamente, las discusiones entre sus padres bajaron bastante. Un tiempo después, su padre encontró trabajo como empleado en una ferretería y sus ojos volvieron a tener luz. Se le veía liberado, sin la responsabilidad de tener su negocio o demostrarle a su familia política que sí merecía su aceptación. Les contaba anécdotas de su trabajo, las rarezas de sus compañeros y las peticiones a veces surrealistas de los clientes, y todas ellas parecía disfrutarlas.

En todas estas etapas, el dibujo la acompañó, y había acumulado una gran cantidad de hojas. Su madre había tenido cuidado de guardar todos sus garabatos infantiles, que Lucía siempre le regalaba orgullosa. Algunos se los hacía especialmente para su padre, sobre todo cuando sus ojos se apagaron aquella temporada, porque era el único momento en el que esbozaba una sonrisa. «Eres una artista, querida», le decía, y volvía a apagarse y a mirar hacia ningún sitio. Lucía dibujaba sus deseos y sus tristezas, copiaba imágenes que reflejaban cosas que ella sentía, inventó una superheroína que solucionaba problemas, un lugar de fantasía donde todos podían flotar y caras con ojos que siempre brillaban en una esquina. Su profesora de cuarto año le pedía siempre sus dibujos y a veces se quedaba con ella después de clase, un poco preocupada por el tono triste de algunos personajes. «¿Está todo bien en casa, Lucía?». Ella apenas contaba nada, le parecía una deslealtad hacia su padre, pero a la profesora le bastó para ver que pasaba algo y procuró estar pendiente.

Poner las cosas en un papel fue un importante recurso para Lucía, como también lo fueron las conversaciones con su hermana, las veces que su madre hablaba con ellas sobre el tema, su profesora de cuarto y la mano de su padre. El papel era un lugar donde podía sacar de adentro las cosas que dolían, darles forma y, en cierto modo, deshacerlas un poco. Lucía pintaba su vida en distintos colores, según el día, y de pequeña pensaba que sería pintora. Quizás porque el dibujo estuvo en los momentos difíciles, nunca acabó de dedicarse profesionalmente a ello. Algunas veces lo pensaba, pero no acababa de decidirse. Hablando con su amiga Paula, Lucía se preguntaba si el que su padre hubiera sido mucho más feliz trabajando como cajero que montando su propio negocio podía haber influido de alguna manera en que ella no emprendiera nada por su cuenta. No todo estaba elaborado en su historia, pero Lucía reflexionaba sobre ello, y hacerlo fue modificando con el tiempo su posición ante la vida.

Expresar lo que sentimos por dentro, sea cual sea la vía que usemos para ello, tiene efectos positivos en nuestras emociones. Las estamos expresando y además las estamos simbolizando, y, mientras lo hacemos, en lugar de evitarlas, nos estamos parando a sentirlas. Además, estamos tomando distancia, estamos mirando lo ocurrido, revisándolo, repasándolo. Adquirimos perspectiva, lo vamos desmenuzando. Simbolizar es una herramienta útil para transformar no solo el miedo, sino cualquier emoción compleja. Cada persona tiene sus maneras de hacer esto, no es necesario que seamos artistas. Algo como poner una canción que conecte con nuestra emoción y cantarla a viva voz mientras nadie nos oye genera un efecto similar. Los diarios que mucha gente escribe también ayudan a desgranar lo que sentimos, no en vano son tan habituales en la adolescencia, donde suele atravesarse una intensa tormenta emocional.

Por eso, muchas recetas que parecen obvias para gestionar el miedo, como hacer ejercicios de relajación, no siempre funcionan, porque, en el fondo, estamos peleando contra la emoción. Pelear con el miedo, como decíamos, es hacerlo contra nosotros mismos, aunque dejarnos arrastrar por él tampoco es la solución. Las soluciones que llevan al equilibrio suelen estar en el punto medio. En lugar de negar el miedo o dejar que se desboque el pánico, podemos, aun notando miedo, hacer las cosas y muchas veces comprobamos cómo, después de todo, no era para tanto, que lo imaginábamos mucho peor, que resulta que sí pudimos hacerlo. Por ejemplo, llevábamos tiempo evitando hablar de algo que nos ocurrió, porque nos costaba mucho, y finalmente nos decidimos a contarlo. Resulta que los demás no solo no nos juzgaron, sino que algunos de ellos nos aportaron cosas realmente útiles o nos acompañaron de un modo que nos alivió. El miedo a hablar de nuestras cosas, por tanto, disminuyó.

Es importante, sin embargo, no confundir el equilibrio entre extremos con dar saltos de uno a otro. Si el miedo nos hace ir a la reacción opuesta, es decir, si precisamente porque estamos asustados, nos lanzamos a lo más difícil, diciéndonos «No pasa nada», en ocasiones el miedo no llega a irse. A esto se le llama **reacciones contrafóbicas,** y no son eficaces para anular la sensación ante lo que nos asusta. Es como si saltáramos por encima, y nuestros constantes actos de valentía o el correr riesgos no llegaran a neutralizar el miedo que sigue estando por dentro. Por ejemplo, somos tímidos y nos cuesta decir lo que no nos gusta (porque tendemos a evitar los conflictos). Un día reunimos todo nuestro valor y le decimos a nuestro compañero de trabajo todo lo que tenemos acumulado. Como vamos por todo, le soltamos las cosas como una metralleta, sin darle opción a intervenir y, cuando acabamos, lo dejamos preguntándose qué acaba de pasar, mientras nosotros nos decimos «Listo, ya lo hice». Si esto es el principio de un cambio, de pensar «Puedo decir las cosas», puede estar bien. Pero si se queda todo ahí hasta la próxima vez que hayamos acumulado toneladas de residuos emocionales, quizás no sirva de mucho.

Más que hacer un vertido nuclear masivo, nos interesa **aprender reciclaje.** El proceso de tomar esa materia prima, amasarla en las manos, estirarla y mirar qué forma va adquiriendo es más progresivo, menos inmediato, pero modifica por completo todo el material sobre el que se trabaja. Ciertamente, cuando el miedo es intenso, no podemos pasar de entrada a reflexionar sobre lo que nos asusta, precisamente porque estamos demasiado asustados, así que necesitaremos cosas más básicas e inmediatas: quizás caminar o correr, hablar con alguien para desahogarnos, etc. Pero pasado el tiempo, ir elaborando lo que ocurrió puede ser más productivo. Si, además, lo vamos acompañando de movimiento, de pasar de las respuestas de supervivencia a otras más relacionadas con la vida, de ir afrontando poco a poco las cosas y de permitirnos la conexión y el disfrute, la transformación será mucho más sólida. **Iremos recorriendo el camino que lleva del miedo a la seguridad.**

PARTE 5

SEGURIDAD

¿QUÉ ES LA SEGURIDAD?

Decíamos al principio que la solución al miedo, a ese miedo impotente y paralizante que se queda a vivir con nosotros, no es la calma, es la seguridad. Pero para las personas que crecieron en la inseguridad o en el peligro, pensar esto puede llevarlas a una convicción que tiene raíces en su experiencia vital: «La seguridad es algo imposible». Cuando empecé a trabajar con la terapia EMDR, un ejercicio que desde esta orientación se hace con un paciente en las primeras etapas es instalar un **lugar seguro.** La persona debe buscar algún momento de su vida en el que haya sentido sensación de seguridad y, una vez localizado, se refuerzan las emociones y sensaciones asociadas a ese lugar o situación con procedimientos específicos. Aunque el objetivo es empezar por algo fácil para el paciente, muchas de las personas con las que yo trabajaba, casos graves y con historias personales muy duras, me miraban perplejos cuando les pedía que buscaran una experiencia asociada a la seguridad. Pensaban, se esforzaban... y finalmente no encontraban ninguna. No habían conocido esa sensación en toda su vida.

Otros planteaban lugares seguros ciertamente curiosos: la habitación que tuvieron de pequeños en una casa familiar en la que había habido maltrato, el borde de un precipicio, un lugar rodeado de animales dispuestos a atacarlos... Su definición de la seguridad parecía paradójicamente asociada al peligro, como si el significado de las cosas fuera realmente el opuesto al esperable. Entendí con ello que la seguridad, para quienes habían empezado sus vidas sin una base segura mínimamente sólida, no era algo que pudiéramos reforzar, sino más bien algo que había que sembrar y hacer crecer desde cero. No era el principio de la terapia: era el objetivo terapéutico central.

Ya hablamos un poco de la seguridad a lo largo de los capítulos anteriores, pero **¿de qué está hecha la seguridad?** Estas son las respuestas a la pregunta «¿Con qué asocias la palabra *seguridad*?» de un grupo de personas en redes sociales:

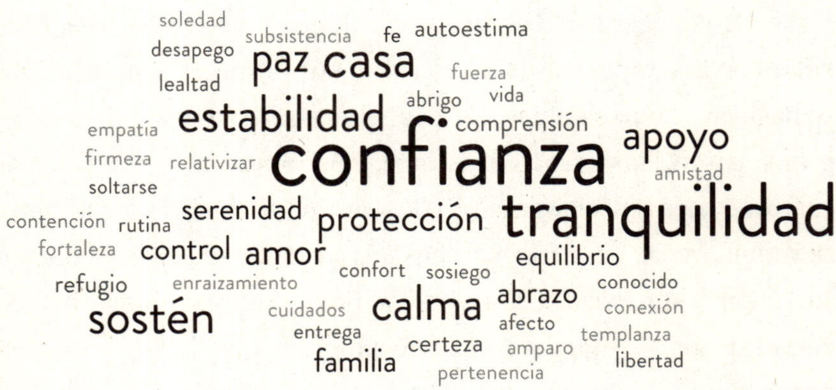

Como vemos, los términos tienen que ver, por un lado, con la ausencia de miedo definida por tranquilidad, calma, estabilidad, paz, serenidad. Por otro, con las relaciones: sostén, apoyo, casa, familia, amor, protección, abrazo... El centro de la nube es la confianza.

Cuando crecemos en vínculos complejos o permanecemos mucho tiempo en relaciones difíciles o dañinas, la confianza, tanto en uno mismo como en los demás, nos puede parecer imposible o irrecuperable. Las guerras de bombas y balas de las que hablábamos en capítulos anteriores no son las únicas a las que se enfrentan las personas. **Muchas familias son verdaderos campos de batalla.** En muchos grupos humanos se genera dolor, a veces por intereses encontrados, a veces de modo injustificable, aparentemente gratuito o sin que nadie sepa decir cómo se llegó allí. El daño que viene de adentro es, además, el más terrible. Los seres humanos somos animales sociales y estamos preparados para unirnos frente al enemigo de afuera. Pero cuando el peligro está dentro de lo que sentimos que es nuestro círculo de seguridad, cuando viene de aquellos en quienes creemos que podemos confiar, nos rompe por completo. Jennifer Freyd llamó a esto *trauma de traición* y asegura que es el elemento más traumatizante de las experiencias difíciles. La traición rompe nuestra capacidad de volver a confiar en otro ser humano.

La confianza puede recuperarse, quizás no siempre en la misma persona que nos traicionó (esto a veces no resulta muy aconsejable), pero sí en el ser humano, en los otros. Para poder hacerlo tras haber sufrido una traición se necesita mucho valor, y durante un tiempo tendremos que convivir con el miedo de volver a experimentar lo mismo, hasta poder empezar a sentir de nuevo seguridad en las relaciones. Si esta traición se produjo al principio de nuestra historia, por parte de aquellos que cuando éramos niños nos tendrían que proteger y cuidar, podemos crecer sin conocer qué es la confianza y qué es eso de sentirnos seguros cerca de alguien. Sin embargo, desarrollar o recuperar la confianza es esencial para alcanzar la seguridad. Veremos esto con más profundidad en los próximos capítulos.

UN LUGAR SEGURO

Detengámonos por un momento a pensar sobre qué recuerdo o elemento hacer este ejercicio.

1. Cuando pensamos en la seguridad, ¿qué nos viene a la cabeza? ¿Con qué la asociamos? Vayamos a algo concreto: si tiene que ver con la calma, busquemos algo que nos genere calma; si la primera asociación es con la confianza, exploremos dónde la conocimos. Pueden ser lugares físicos, personas, mascotas... En la medida de lo posible, busquemos algo real, pero, si no lo encontramos, puede ser un lugar imaginario, la escena de una película o un personaje de novela.
2. Centrémonos ahora en eso que nos vino a la cabeza y observémoslo con detalle. Si es un lugar:
   - ¿En qué estación del año nos gusta más estar allí?
   - ¿En qué momento del día?
   - ¿Hace calor o frío?
   - ¿Qué tipo de luz hay?
   - ¿Qué sonidos se escuchan?
   - Si es una persona: ¿cómo es la expresión de su cara? ¿Qué palabras, qué gestos suyos nos transmiten seguridad o calma? ¿Qué es lo que nos da

confianza de esa persona? Podemos hacernos las mismas preguntas respecto a una mascota o un personaje imaginario.

3. Y ahora, pensando en esto, observemos qué emociones van viniendo, qué sensaciones notamos en el cuerpo asociadas a este lugar o a esta persona. Quedémonos en ellas. Quizás hayamos empezado el ejercicio con un poco de tensión, con la cabeza pensando en otras cosas y a veces nuestra atención divagó. No es un problema: observémoslo y volvamos a llevar nuestra atención a las sensaciones más conectadas con ese lugar. No forcemos nada, simplemente observemos.

Dediquemos a esto unos minutos, sin buscar nada en particular, y periódicamente repitamos el mismo ejercicio con el mismo lugar o la misma persona. Evocar situaciones y conectar con las sensaciones que vienen de ellas es un modo de llevar nuestro organismo hacia otro estado emocional. Si lo practicamos, puede llegar a ser un recurso para un día de estrés y para regularnos.

LA TEORÍA DEL APEGO

La seguridad no es algo genético, aunque todos tenemos nuestro temperamento innato. Es algo que crece dentro de nosotros desde las relaciones, en concreto las que se forman con los adultos de referencia, que constituyen nuestras **figuras de apego.** Sin una relación segura no podemos desarrollar seguridad interna, al menos no cuando somos pequeños y no tenemos autonomía ni opciones. Los niños lo saben, y por eso desde muy pequeños se mantienen unidos a algún adulto que pueda darles protección y cuidado.

En otras especies animales esto no ocurre, porque las crías salen al mundo mucho más desarrolladas y se hacen autónomas mucho antes. Cuanto más evolucionada es la especie, más tiempo mantiene el vínculo con el cuidador: una lagartija se echa a correr en cuanto sale del huevo y busca la vida, mientras que cualquier mamífero permanece un tiempo junto a sus progenitores antes de tener habilidades para alimentarse y defenderse por su cuenta. Los seres humanos pasamos muchos años de nuestra vida en el núcleo familiar; somos, como le oí explicar a la investigadora en epigenética Lourdes Fañanás, «fetos extrauterinos», unidos a nuestros cuidadores por el cordón umbilical del vínculo de apego.

Cuando los niños van creciendo, ese adulto de referencia será la **base segura** desde la que salir poquito a poco a explorar el mundo. Al principio el niño hará solo pequeñas excursiones, se atreverá a jugar solo, viendo si el cuidador está por ahí, volviendo a él para comprobar que todo está en orden, y de vuelta a explorar. Más tarde, conforme crezca, se volverá más autónomo y desarrollará la capacidad de regularse y cuidarse. Interiorizará lo que ha recibido de los adultos, se hablará por dentro, se animará, se corregirá, se calmará... Esta autosuficiencia, por supuesto, no tiene que ser completa y, hasta que sea grande, el niño siempre precisará de la presencia de los adultos, pero esta no debe ser continua. Cuando el niño cuenta con una base segura, aun estando solo sabrá que el cuidador está ahí, y que puede contar con él cuando lo necesita. Lo sabe porque vivió esa experiencia muchas veces. Aun con pequeños desajustes y desencuentros, todos esos momentos configurarán un patrón y una expectativa sobre los demás: «Alguien estará ahí cuando lo necesite, las personas son fiables, puedo pedir ayuda y la recibiré».

RECORDEMOS QUE NO TENEMOS QUE SER PADRES PERFECTOS

Cuando leemos este tipo de cosas, podemos hacernos una imagen muy idealizada de ser madre o padre, que acaba siendo bastante estresante y no ayuda nada a generar seguridad en los niños. Los padres no tienen que ser infalibles, ni presentar en todo momento una maravillosa sonrisa, ni tener siempre la palabra justa. Basta con que la mayor parte de las veces estén, que sean mínimamente consistentes y, por supuesto, que quieran a sus hijos. Y si tienen un mal día o no entendieron bien lo que el niño necesitaba, hacen cosas para restaurar el equilibrio, reparan lo que se estropeó. Aunque hay muchos supuestos «manuales de instrucciones» sobre la crianza, no queda otra que confiar en nuestra intuición y aprender de los errores. Cada niño es diferente, y los padres también venimos de nuestras propias historias.

El apego del niño hacia sus cuidadores principales configurará su mente y su modo de vincularse con los demás. Definirá cómo se mira por dentro, si entiende sus emociones y las de los demás, si puede reflexionar y ser flexible, si se siente o no cómodo en la intimidad y si tiene autonomía. Se formarán, por tanto, **patrones de apego,** formas relativamente estables de vincularnos.

Relacionarse desde la **seguridad,** estableciendo vínculos sin una dependencia excesiva, no es algo que ocurra siempre. Algo más de la mitad de la gente sí tiene cierto equilibrio entre autonomía y conexión y ve a los demás como personas con puntos de vista y emociones diferentes a los suyos, por lo que con el tiempo será capaz de resonar y empatizar con ellos.

Otro porcentaje se mantiene a distancia porque la intimidad les resulta incómoda o incluso amenazante. También encontraremos la otra versión, quienes se aferran a los demás porque no conocen la sensación de que podemos opinar diferente, tener otras relaciones, hacer nuestra vida, acercarnos o alejarnos de las personas y sentirnos igualmente seguros de esos vínculos. Los primeros se desconectaron de su mundo emocional, y la conexión con los demás amenaza con reactivarlo. Los segundos viven inmersos en sus emociones y son estas las que llevan las riendas de su vida. En cualquiera de ambos extremos, las relaciones vienen definidas por la **inseguridad.**

La seguridad en el apego puede cultivarse y desarrollarse, pero para ello debemos aprender pacientemente un **nuevo modo de mirarnos por dentro y otra manera de conectar con el otro.** El primer paso para evolucionar hacia la seguridad tiene que ver con entender y reflexionar. Vamos a ver a continuación los cuatro grandes **estilos de apego**[2] desde los que podemos

2. Con respecto a los estilos de apego, se utilizan distintas terminologías. Al apego seguro se le llama también *autónomo,* el apego distanciante se le llama a veces *evitativo,* al apego preocupado se le denomina también *ansioso,*

funcionar internamente y en las relaciones con nuestras personas significativas.

Autonomía

Si alguna vez leímos cosas sobre el apego, quizás tengamos una imagen un tanto edulcorada de lo que es un apego seguro. Un niño seguro no tiene unos padres maravillosos y sin defectos, y cuando sea adulto no los describirá como «los mejores padres del mundo». Quizás haya tenido cuidadores sensibles, presentes, que lo entendían y supieron ayudarlo en los momentos difíciles, pero seguramente podrá comentar con naturalidad cosas como «Mi madre era muy estricta con mis estudios», «Mi padre era muy introvertido y nunca hablaba de sí mismo» o «Aquel día se excedieron con el castigo». Puede que haya vivido momentos de mucho resentimiento hacia ellos cuando no lo dejaban hacer lo que quería, y en la adolescencia habrá pensado que sus opiniones eran totalmente equivocadas. Los verá y hablará de ellos como seres reales, de carne y hueso, con sus rarezas y sus particularidades, no como unos padres estereotipo. Podrá pensar en los detalles de su infancia y en momentos concretos que lo hicieron sentir triste, asustado, molesto o avergonzado. Recordará el efecto que la conducta de los adultos tuvo en esos momentos y, fuera bueno o malo, ni le quitará importancia ni seguirá empeñado en ello.

---

ambivalente o *resistente* y el apego desorganizado se describe en algunas clasificaciones como *no resuelto* o *inclasificable*. Con el fin de simplificar, en este texto vamos a quedarnos con los términos *seguro, distanciante, preocupado* y *desorganizado* para denominar los estilos de apego principales.

La seguridad tiene que ver con la **autonomía,** pero no hablamos aquí de absoluta independencia de los demás. Muy al contrario, las personas de apego seguro valoran las relaciones, consideran los vínculos importantes y entienden su significado emocional. La autonomía tiene que ver con que son capaces de ver al otro como una persona única, independiente, que puede tener opiniones y reacciones emocionales distintas a las nuestras. Una persona con seguridad en el apego tiene interés por entender al otro e, incluso cuando sus padres tuvieron conductas hostiles o negligentes, puede ver detrás de ellas, darse cuenta de que quizás venían de historias nefastas y que no le pudieron dar algo de lo que ellos también carecían. Son capaces de diferenciar esta comprensión de la decisión de hasta qué punto mantenerse cerca de estas personas.

Podemos tener seguridad viniendo de historias realmente difíciles en nuestras familias de origen, muchas veces porque encontramos en alguien (hermanos, otros parientes, personas cercanas fuera de nuestra familia) alguna fuente de apoyo, reconocimiento y afecto. Si alguien nos vio como un ser importante y especial, como una persona, podremos tomar esa mirada y vernos con ella, y también desde ahí mirar a los demás.

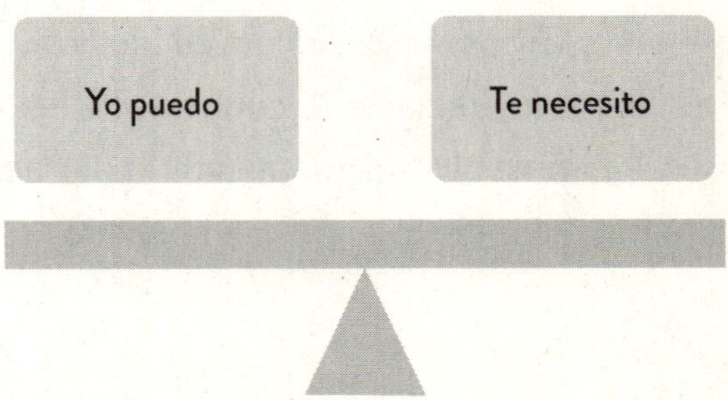

La autonomía significa entonces que vemos a todas las personas como únicas, no generalizamos, no damos nada por sentado. Cada persona que conocemos es nueva, y nos da curiosidad explorar ese nuevo mundo. Relacionarnos nos parecerá algo atrayente y, con los datos de nuestras nuevas experiencias, iremos actualizando nuestra capacidad para conectar con los demás, y también para protegernos cuando esas relaciones nos resulten dañinas. A veces, también, desearemos estar solos, y podremos disfrutar haciendo cosas sin la compañía de nadie. Entendernos nos resultará interesante, nos gustará recordar nuestra historia, pero no nos quedaremos atrapados en ella. Veremos un mundo real, con matices, con claroscuros, y nos moveremos sin problemas por él. Tendremos nuestros días, claro, y podremos pasar por etapas difíciles cuando la vida se ponga difícil, pero en esos momentos nos resultará fácil recurrir a quienes nos rodean y apoyarnos en ellos, aunque tengamos nuestros propios recursos. Empezar etapas nuevas tendrá sus desafíos, pero nos gustará explorar posibilidades. Tendremos miedo a veces, claro está, pero lo sacaremos con nosotros a pasear.

Lucía sería un ejemplo de apego seguro. En su familia pasaron cosas, pero sus padres estuvieron pendientes, a su manera, de su estado emocional. Cuando, por las dificultades que a veces trae la vida, no estuvieron tan presentes, Lucía contaba con su hermana y su profesora, que compensaron un poco esa falta. Al hablar de su infancia, Lucía es consciente de cómo le influyeron esas cosas y de que algunas de ellas quizás siguen interfiriendo en su desarrollo personal. Pensaba en su padre y en cómo había llegado a ser como era y cómo se tomaba las cosas, y entendía al menos en parte lo que ellos habían vivido. Lucía contaba con una buena capacidad para reflexionar, y esto no tiene que ver simplemente con pensar, sino con pensar conectados emocionalmente, con entendernos por dentro y entender la mente de los demás. Esta capacidad reflexiva es lo que más define la seguridad en el apego.

Distancia

El problema viene cuando el adulto no está presente, no siempre porque no quiere o por mala voluntad, sino porque está enfermo (física o mentalmente), porque está muy desconectado emocionalmente o por muchas cosas que en la vida nos afectan y nos impiden poner nuestra energía en el cuidado de los niños. Otras veces el adulto rechaza las aproximaciones del niño, porque se siente incómodo en la cercanía emocional. Puede reprocharle que sea excesivamente empalagoso o sentimental o, sin decir nada, apartarse cuando el niño intente abrazarlo o contarle un problema. Quizás estos padres se sientan vinculados al niño que consigue cosas, que saca buenas calificaciones o que destaca en alguna actividad, pero no sabrán ni podrán estar ahí con las emociones difíciles que este vaya experimentando, entre ellas el miedo. La solución al miedo entonces no puede ser otra que aplastarlo o negarlo.

¿Qué sentido tendría aquí ir a buscar seguridad donde nunca la encontramos? Dejamos de buscar y, para ello, aprendemos a bajar el volumen del sensor que nos avisa de que algo está mal, hasta que deja de sonar y ya ni nos acordamos de que está ahí. No notamos el miedo, no notamos la necesidad del otro, y vamos dejando de notar gran parte de las emociones. Siguen ahí, claro está, por el subsuelo, como un magma informe, y, como ya vimos, de vez en cuando hacen erupción como enfermedades físicas aparentemente inexplicables. A veces, por una rendija, se filtra un poco de miedo puro que se cuela en todo tipo elementos: nos entra un temor irracional a que a un hijo nuestro le pase algo, a enfermarnos nosotros, a determinados espacios u objetos. Todo nuestro mundo emocional está por desarrollar, y opera a nivel subterráneo.

Aquí no hay seguridad, pero a menudo se sustituye por el control. El funcionamiento emocional y relacional habrá de adaptarse a esta forma de vincularse con los demás y con uno mismo: a lo que técnicamente se llama un patrón de **apego distanciante,** porque está definido por el distanciamiento de las relaciones y de las emociones.

¿Qué desventajas tiene este patrón?

- Sin la intuición emocional de uno mismo y del otro, **las relaciones se rigen por reglas** (como el «algoritmo de la amistad» de Sheldon Cooper en la serie *The Big Bang Theory*).

- Sin la sabiduría del cuerpo (los «pálpitos» que nos ayudan a predecir lo que va a ocurrir) **las decisiones se toman únicamente «de cabeza».** Confiarlo todo a la lógica es un problema, ya que, como dijimos, contribuye poco a las decisiones humanas.

- Sin estar en conexión con las emociones y sus matices, **los recuerdos se vuelven planos,** nada destaca sobre lo demás. Si miramos atrás, todo nos parece «normal», y aunque nos esforcemos, nos costará poner ejemplos concretos, contar anécdotas y explicar experiencias emocionalmente significativas.

Como no tenemos recuerdos genuinos, con sus emociones dándoles significado, **nuestra historia está hecha de estereotipos,** de padres y familias estereotipo, «normales», «como todos». Nos decimos a nosotros mismos frases genéricas sobre las familias, como frases comodín que en realidad podrían aplicarse a cualquiera, «Mi madre era la típica madre, siempre se preocupaba por nosotros».

Como no hay seguridad, **nos definimos como fuertes,** y nos aferramos a esa identidad. Si alguna emoción asoma amenazando con cuestionar esto, la empujamos fuerte hacia abajo, conteniéndola o reprimiéndola para que se aleje: sentir es ser débiles, y ser débiles, desde esta perspectiva, es inadmisible.

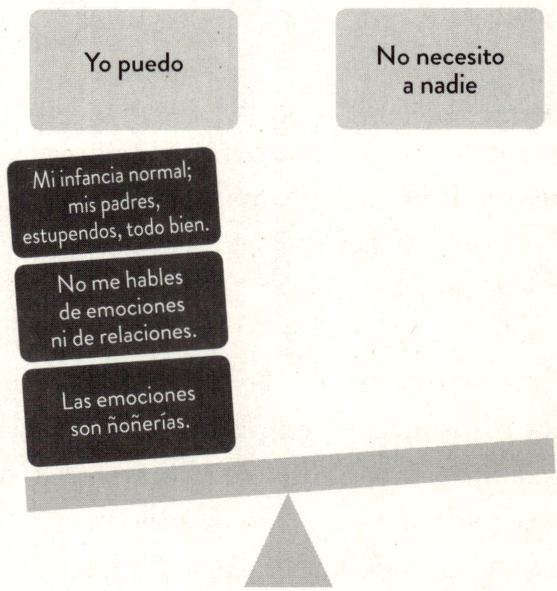

Las personas con un estilo de apego distanciante son como esporas diseñadas para resistir a la intemperie. Y, aunque más tarde habiten en un jardín cálido y con humedad, eso no hará que cambie automáticamente su estructura.

Bernardo (hablamos de él cuando tratábamos la alexitimia) sería un buen ejemplo de apego distanciante. Si le preguntáramos por su infancia, diría que fue «normal» y que sus padres fueron «unos buenos padres, que siempre estaban ahí», aunque sería incapaz de ponernos un ejemplo donde se reflejara que eso era así. Si le insistiéramos, Bernardo nos diría que no se acuerda, que no le viene nada a la mente y que realmente no suele pensar mucho en esas cosas. Los pocos ejemplos que le pudiéramos sacar reflejarían momentos en los que sus padres lo llevaban, puntualmente, a jugar al básquetbol o le compraban regalos por su cumpleaños. Estos padres hacían todo lo que se supone que unos buenos padres deben hacer, pero siendo ingeniero él y profesora de matemáticas ella, eran dos personas poco emocionales y que no podían intuir tampoco los estados emocionales de Bernardo. Eran una familia de esas que «no son de abrazos» y en las que las conversaciones sobre sentimientos estaban ausentes.

Marcial sería otro ejemplo de este mismo estilo de apego. Su padre, militar de profesión, había escalado posiciones en el Ejército hasta llegar a capitán. No sabría decir en qué momento, Marcial dejó de decirle *papá* para llamarlo por su cargo, y a su padre no pareció incomodarlo que se refiriera a él como «capitán». De hecho, funcionaba más como un mando militar que como un padre y esperaba de Marcial obediencia y responsabilidad. Cuando Marcial hablaba de su padre, se expresaba con una aparente admiración, pero nunca volvió a darle el título de padre que le había quitado de niño. La figura de su madre estaba totalmente idealizada, y hablaba de ella como una mujer con grandes valores, que colaboraba en una asociación benéfica y que solucionaba los problemas de todo el mundo, aunque esto no se aplicaba tanto a los de su hijo. En su casa con frecuencia aparecían invitados, que hablaban de política y parecían saber la solución para todos los problemas sociales. Marcial lo sabía porque él y su hermano tenían que quedarse largo rato en esas interminables sobremesas, en las que se les fue filtrando esa convicción sobre cómo tienen que ser las cosas. Si hablaba cierto tiempo sobre su familia, se podían entrever algunas escenas en las que su padre les gritaba o los castigaba duramente, pero Marcial enseguida cerraba el tema diciendo que los niños deben ser educados con mano dura y que ahora todo se había relajado y así estaba el mundo. La firmeza de su padre —decía Marcial— lo había hecho más fuerte.

Esta rigidez y exigencia que lo rodeó de pequeño configuró su mundo interno y, ante la actitud despótica y a veces hostil de su jefe en el trabajo, atribuyéndole errores que no había cometido, se repitió que era inaceptable y que no era así como tenían que ser las cosas. Internamente se impuso sentirse bien de inmediato, y cuando su cuerpo empezó a protestar, se negó a atenderlo. Esto, contrariamente a lo que Marcial creía, lo hacía más vulnerable ante los problemas de la vida. Fue a través de conectar con la vulnerabilidad de su nieto que Marcial pudo empezar a evolucionar hacia la seguridad.

Maraña

Hay otro escenario posible de inseguridad. El niño busca, como todos los niños, apegarse a una fuente segura y, a veces, encuentra algo que al menos se le parece. Pero lo que llega es errático, nunca sabe cuándo, ni de qué modo, ni en qué condiciones va a llegar. El adulto es como una máquina tragamonedas, y el niño se desespera por encontrar un patrón predecible, por encontrar consistencia, y va metiendo monedas enganchado a la posibilidad de recibir lo que tanto necesita. Por ejemplo, el cuidador responde solo a veces a la emoción del niño, en otras ocasiones está irritado, angustiado, o incluso jala al niño para que lo calme a él o se preocupe por él. Quizás pueda conectar con el miedo del niño, pero no será capaz de estar ahí de modo consistente cuando esté molesto y disgustado, de modo que la relación se establece a través del miedo y de la preocupación. La preocupación, de hecho, puede definir en estas familias el concepto de amor, y en algunos casos al niño se le puede transmitir que, si no se preocupa por los padres, es que no los quiere. En estos escenarios se configura un estilo de apego que es el opuesto al anterior, y se denomina **apego preocupado.**

Si esto resuena con nuestra historia, nuestra relación con el miedo será diferente. Lo realmente aterrador para nosotros será la distancia, viviremos el alejarnos de aquellos a quienes nos aferramos como si fuera caer al abismo. Los vínculos, de hecho, decíamos antes, se establecen a través del miedo: miedo de perder al otro, miedo de que le pase algo, miedo de no recibir lo que necesitamos. Sin embargo, desarrollar autonomía es uno de los caminos que nos convendrá recorrer para modificar este patrón.

☞ Al relacionarnos de este modo, estaremos siempre vigilantes, escudriñando todos los detalles. Le daremos vueltas a lo que los otros nos hacen o a lo que esperamos de ellos y no recibimos. Golpearemos furiosos la máquina tragamonedas cuando se coma nuestro dinero sin darnos nada a cambio, esperaremos ansiosos que nos toque el premio, e incluso si este llega finalmente, no nos quedaremos en paz, sino que nos activaremos para buscar más. **Nuestras relaciones se definirán por la insatisfacción.**

☞ Nuestras emociones estarán mezcladas con las de los demás, lo que sentimos nosotros creeremos que lo sienten los otros, y también a la inversa: nos contagiaremos de la emoción del otro. Derraparemos en la emoción y perderemos el enfoque, **nuestra mente se verá arrastrada por nuestros sentimientos.** Nos costará sintetizar, transmitir la esencia de los problemas, comunicarnos de un modo eficaz. Sentiremos que nadie nos entiende y volveremos en espiral al punto anterior.

☞ **Nos sentiremos responsables de cómo se sienten los demás** y haremos cosas que en el fondo no nos convencen, porque los otros nos hacen sentir que debemos, que dependen de nosotros, quizás mientras ellos mismos no se cuidan.

☞ Nos quedaremos **enganchados en las relaciones,** aunque no funcionen, esperando que se conviertan en lo que sentimos que necesitamos, pero, aunque ese cambio se produzca, no nos parecerá suficiente.

No podremos tomar distancia, ni de lo que nos pasó, ni de lo que nos afecta ni de nuestras propias emociones. Tampoco podremos distanciarnos de las personas con las que nos vinculamos. La soledad nos parecerá algo inasumible.

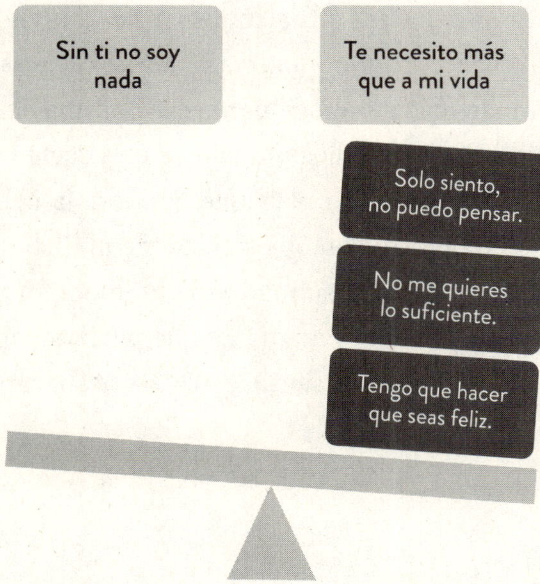

Pandora suele colapsar cuando algo la angustia, y ante ello busca ayuda en su también angustiada madre, en la que nunca encuentra el apoyo que necesita. Esto es así desde que puede recordar. Su madre era una mujer muy preocupada, que frecuentemente se mostraba incapaz de afrontar la vida. Convivían con el abuelo materno de Pandora, un hombre al que siempre recordaba de mal humor y que solía descalificar y humillar a su hija, la madre de

Pandora, que se desvivía por complacerlo. Su padre estaba poco presente por motivos de trabajo y, cuando estaba en casa, se abstraía en el taller que tenían junto a la casa y no quería que nadie lo molestara.

La madre de Pandora solía recurrir a ella para contarle lo desgraciada que era, para transmitirle mensajes al abuelo cuando creía que se enojaría y para muchas cosas que no eran muy propias de una niña. Cuando hablaba de estas cosas, Pandora cambiaba rápidamente de un tema a otro, arrastrada por la angustia que le generaban aquellas situaciones y que todavía seguía definiendo su relación con su madre. El abuelo seguía en casa y, aunque mermado física y emocionalmente por una demencia, generaba con frecuencia muchos momentos que hacían que su madre la llamara desconsolada para que Pandora la calmara. Para ella, pensar en todo esto con objetividad y con distancia era imposible, y se sentía unida a su madre de un modo muy poderoso por hilos de preocupación y angustia, que jalaban y quemaban a la vez, pero de los que no se sentía capaz de deshacerse.

Caos

Podemos tener cierta tendencia hacia uno u otro tipo de apego inseguro, sin mostrarlo en su versión más extrema, o tener un poco de todo, aunque predomine una tendencia sobre las demás. Pero otras veces nos puede resultar imposible situarnos en cualquiera de los dos patrones anteriores, quizás porque nuestro funcionamiento es más caótico y vamos de un extremo al otro.

El caos suele venir del caos. Quizás nos criaron padres caóticos, con profundos conflictos internos y mucha contradicción, y como niños no nos quedó otro remedio que adaptarnos a cada lado de esa contradicción. O puede que tuviéramos padres muy distintos y extremos (dominantes y sumisos, hostiles y dañados) y tuvimos que distanciarnos, protegernos de los primeros y cuidar nosotros de los segundos. Quizás nuestros padres estaban perdidos en sus propios traumas no resueltos, demasiado para vincularse con nosotros. En estos contextos, no hay una sola estrategia que nos sirva para adaptarnos, tenemos que ir saltando de una a otra. Nuestro apego como niños será **desorganizado,** y de adultos nuestros patrones serán **imposibles de clasificar** en uno u otro grupo.

Esto se reflejará en cómo nos contamos nuestra propia historia. Cuando pensamos en ella, podemos ver a veces a nuestros padres como personas que siempre estaban ahí, pero en otros momentos enojarnos por su ausencia en experiencias clave de nuestra vida. Quizás nos cueste hacer memoria de algunas etapas, pero en otras nos atormentarán los recuerdos. A veces nos sentiremos culpables y avergonzados por situaciones vividas en nuestra familia y en otras ocasiones sentiremos una ira enorme hacia quienes formaron parte de ellas. En ningún caso podremos ver la historia completa, integrar esas experiencias en una narrativa vital y describirla con los matices complejos de una historia compleja. Lo veremos todo desde dentro de los distintos compartimentos en los que fuimos metiendo nuestras emociones, nuestros recuerdos, todas esas cosas incoherentes e imposibles de mezclar.

Y así, con nuestra mente fragmentada, nos moveremos por el mundo. En una relación, podremos engancharnos y sentirnos incapaces de vivir sin la otra persona, pero en otros momentos tendremos estallidos de ira incontrolable y la odiaremos con todas nuestras fuerzas. Quizás nos cueste o incluso nos sea imposible recordar, pasado el momento, qué hicimos o dijimos estando en ese estado. Cuando hablemos de esa relación, a veces la describiremos como maravillosa y en otros momentos nos sentiremos hundidos y angustiados. Nuestra experiencia emocional será una montaña rusa, pero nunca podremos verla con distancia y perspectiva. Mirar hacia adentro será como asomarnos al caos, y probablemente intentaremos no hacerlo.

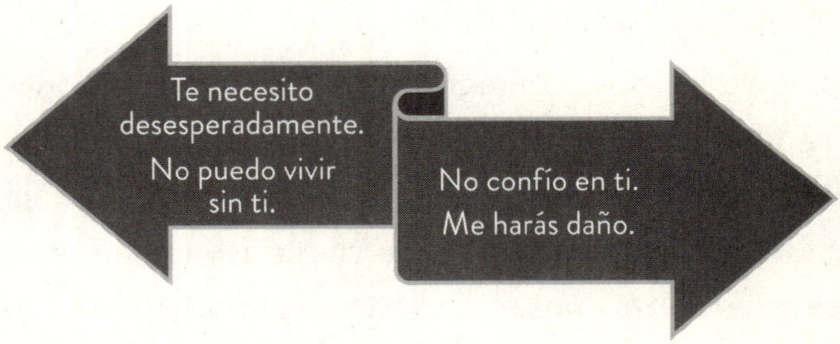

Iván, hombre impulsivo y a veces violento, tenía este patrón de funcionamiento contradictorio e inestable, que era un reflejo de las profundas contradicciones que definieron su infancia. La violencia de su padre y la experiencia de ver demasiadas veces el miedo en la cara de su madre le habían impedido integrar sus propios estados emocionales de ira y miedo. Su capacidad de reflexión era mínima, y en las relaciones solía estar a la defensiva. No era de extrañar. Tenía reacciones que ni él mismo entendía y muchas veces, pasado el arrebato inicial, se sentía fatal. Odiaba a su padre y echaba pestes cada vez que hablaba de él, mientras que se refería a su madre como «una santa». Sus relaciones se definieron siempre por la contradicción. Consiguió establecer una relación con una mujer a la que ayudó a salir de una historia de maltrato y con ella nunca fue agresivo, porque, cuando empezaba a elevar la voz, veía que ella lo miraba con aquella cara, la que ponía su madre, y eso hacía que se fuera de casa dando un portazo para intentar calmarse. Su historia fue complicada, marcada por las contradicciones y las viejas heridas de ambos, pero consiguieron funcionar. Aunque Iván fue bajando la intensidad de sus reacciones, aún le faltaba mucho para ser una persona reflexiva y desarrollar una auténtica seguridad interior.

Otra forma en la que el apego se desorganiza es a raíz de determinadas experiencias traumáticas o de pérdidas significativas que no pudimos elaborar e integrar. Habrá **algo relacionado con los vínculos que no estará resuelto,** y que no permitirá que nuestros patrones se configuren de un modo estable. Cuando algo activa esos recuerdos, perdemos la capacidad de estar con nosotros mismos, de ser conscientes de lo que sentimos y de mantener un funcionamiento coherente. Lo mismo ocurrirá con el resto de la gente. Cuando una persona nos mire con el gesto de alguien que nos castigó con especial severidad, el miedo tomará las riendas y seremos incapaces de funcionar. Si no hemos resuelto una separación, cualquier pérdida o amenaza de separación nos dará pánico. El problema es que, como ya vimos, nuestro cerebro funciona siempre conectando cosas, y este tipo de recuerdos pueden activarse en múltiples situaciones, interfiriendo en nuestras relaciones, en la regulación de nuestras emociones e impidiéndonos acceder a la seguridad interior.

Muchas personas tienen **patrones menos definidos.** Veamos algunos ejemplos:

Alma había sido una niña muy tímida y sensible a la que le costaba contar sus cosas. Su madre, con un temperamento muy parecido al de Alma, le preguntaba muchas veces: «¿Cómo estás?», pero ella siempre respondía: «Bien, estoy bien». La relación entre sus padres no funcionó y se quedaron las dos solas, porque su padre empezó a trabajar en otra ciudad. Se veían en verano y en algunas vacaciones, pero nunca fueron muy cercanos. Sin embargo, su madre era afectuosa y Alma recordaba alguna conversación con ella en la que se interesaba por cómo iban sus asuntos. Ella notaba que, aunque no le dijera nada, su madre conocía bien lo que era ser tímida e introvertida y lo difícil que le resultaba contar cosas, así que, de algún modo, ellas se comunicaban. Cuando sus padres se separaron, Alma tenía siete años, y poco después empezó el *bullying*. Eso se le hizo ya demasiado, y a partir de ahí su carácter empezó a cambiar. Sin embargo, Alma era bastante capaz de entender cómo todo eso le había influido y le seguía influyendo. Sabía que su madre estuvo con ella, como pudo, y comprendía que su padre era un hombre con pocas capacidades para relacionarse con la gente y que no sabía qué hacer con un niño. Para ella, las relaciones eran importantes, pero no la atrapaban, y su conciencia sobre sí misma la llevó a pedir ayuda y tratar de ponerle fácil al otro que la ayudara. Su estilo de apego, aunque con la interferencia de la separación de sus padres y el acoso que sufrió en la escuela, era bastante seguro, sobre todo porque su capacidad de reflexión le permitía entender la mente de los demás y tener cierta perspectiva sobre la suya. Cuando el estrés aumentaba, es cierto, la perdía un poco, pero a cierto nivel tenía conciencia de que sus reacciones eran desproporcionadas y conseguía ver la realidad.

El estilo de apego de **Soledad,** por su parte, tenía algunos elementos de apego preocupado. Por ejemplo, no podía evitar sentir enojo hacia sus padres por su empeño en conseguir para ella una vida feliz, pasando por encima de sus intereses y negando su malestar con las típicas frases de «Vamos, mujer, no te pongas así, no es para tanto». Cuando empezaba a hablar de eso, se iba cargando más y más, y su cabeza iba agarrando velocidad. Sin embargo, Soledad podía entender por qué sus padres se comportaban como lo hacían. Su abuela materna había tenido depresiones frecuentes y su madre siempre se ponía nerviosa cuando veía a la gente triste, no sabía manejarlo. Esto, claro está, lo había entendido al ir creciendo, y por eso su resentimiento hacia ella había disminuido con los años, pero aún se molestaba cuando iba a verla, trataba de contarle un problema y su madre sistemáticamente cambiaba de tema. Su padre venía de una familia de pesimistas crónicos. Su abuela materna había quedado huérfana de pequeñita, y así había definido toda la vida, lamentándose por la temprana pérdida de su madre y, no mucho más tarde, de su padre. La vida en esa casa se definía como un valle de lágrimas, y el padre de Soledad se había enamorado locamente de su madre porque era una mujer feliz, que nunca estaba triste y que tenía una visión positiva y optimista de la vida. Trataron de dar a su hija todo lo que a ellos les faltó, sin darse cuenta de que eso no era lo que Soledad necesitaba.

A Soledad le gustaba, ya desde pequeña, conocer las historias de su familia, y les preguntaba a sus padres por figuras que aparecían en los relatos, como el tío que emigró a Argentina, los primos que vivían en otras ciudades, qué recuerdos tenían de la posguerra. Le habría gustado ser historiadora o novelista, pero el fuerte impulso de irse de casa cuanto antes no le permitió desarrollar esas posibilidades. Soledad era capaz de comprender cómo funcionaba la mente de la gente y, en cierto modo, también cómo funcionaba la suya.

Sin embargo, cuando se encontró al que fue su novio, con el que tuvo aquella relación tan tormentosa, su capacidad de reflexionar se esfumó. La capacidad de entender a los demás le jugó en contra, porque entendió demasiadas cosas y permitió que se perpetuaran situaciones que no eran buenas para ella. Aunque su estilo de apego era seguro, tendiendo un poco a preocupado, su relación de pareja fue muy problemática, con gran dependencia emocional. El apego que establecemos con las parejas tiene que ver con nuestro estilo de apego de base, pero no guarda una relación tan directa. Las parejas son micromundos en sí mismos, y en ellos se generan relaciones en las que influyen muchas más cosas. Esta relación fue lo que más afectó al estado emocional de Soledad, y el área en la que más necesitaría trabajar para recuperar y potenciar su seguridad interior y ser capaz de desarrollar relaciones seguras.

LA CALMA NO ES LO MÁXIMO A LO QUE PODEMOS ASPIRAR

Podemos pensar que, si estamos ansiosos o asustados, la «medicina» para salir de ese estado es lo contrario del miedo, es decir: la calma o la tranquilidad, y es cierto que estas sensaciones son importantes, pero también son pasajeras. Después de la tormenta, llega la calma, y nunca nos resulta tan valiosa como después de haber pasado por una situación muy difícil. Es importante, como ya vimos, que nuestro sistema se desactive para llegar a ese estado de no miedo, de paz, de descanso.

Sin embargo, lo contrario de algo no es necesariamente lo más útil o lo más fácil para neutralizarlo. Por ejemplo, cuando estamos nerviosos, intentar relajarnos puede tener un efecto paradójico. Y ya no digamos si los demás nos dicen: «Vamos, relájate un poco, no te estreses tanto». Estos comentarios, hechos muchas veces con la mejor de las intenciones, provocan en quien los escucha en medio de un estado de angustia un enojo considerable y mucha sensación de incomprensión. La calma es un objetivo, pero eso no nos aclara cómo conseguirlo.

Pensemos en un niño pequeño que no ha desarrollado todavía la capacidad de calmarse solo. En ese caso suele resultarnos más evidente qué cosas pueden hacer otros que sean útiles para el bebé cuando se siente asustado. Sus cuidadores deben buscar el modo de regularlo, y decirle simplemente «No tengas miedo» o «Estate tranquilo» no funciona como un botón de efecto inmediato. Quienes hayan intentado calmar a un niño que está llorando a todo pulmón habrán podido comprobar que ponerle música suave o darle un masajito no surte demasiado efecto en esas situaciones. ¿Qué genera entonces tranquilidad?

Cuando un bebé se está amamantando, su frecuencia cardíaca baja. Las caricias, el chupar, el tocar, regulan su temperatura. Cuando se le mece rítmicamente, sus ondas cerebrales se sincronizan. Cuando ve que el cuidador muestra en su cara emociones sintonizadas con las que el niño está experimentando, sus emociones se modulan. Por el contrario, cuando se separa a un niño de sus cuidadores por un tiempo prolongado, su temperatura, el ritmo de su corazón, su nivel de actividad, su sueño, su crecimiento, se ven afectados. Los niños que son acariciados con frecuencia crecen más, y su cerebro también tiene un mayor tamaño.

Aunque se haya cuidado bien de ese niño, es de esperar que un bebé se desregule y llore, y que, cuando se sienta incómodo por cualquier motivo, active su altavoz para llamar al adulto e indicarle que necesita su ayuda. Calmar estos estados no funciona de modo instantáneo; es necesario acompañar al niño en su berrinche, con infinita paciencia, hasta que se va regulando. Muchas veces, el que lleva horas con un bebé que llora sin parar agotó la suya, porque el llanto de un niño genera en los adultos una sensación insoportable. Esto es en sí un mecanismo de supervivencia de la especie, que hace que los adultos no tengan más remedio que acudir a la llamada del llanto infantil; forma parte de lo que mantiene apegados a niños y cuidadores y es el único modo en el que el niño puede cuidarse y protegerse: llamando a alguien. El adulto que intenta durante un tiempo calmar a un niño y no lo consigue puede observar estupefacto cómo el bebé deja de llorar inmediatamente cuando un recién llegado lo carga en brazos. Muchas veces esto se debe a que el adulto que se ocupa ahora viene «fresquito», sin el estrés acumulado que tenía el primero y, aun haciendo y diciendo lo mismo, transmite al niño la calma y la ternura que salen fácil cuando uno no se siente saturado. Regular a un niño no es seguir unas pautas, es transmitir sensaciones, y, para ello, debemos sentirlas. Los bebés, que no habitan aún en el mundo de las palabras, funcionan de modo natural desde la intuición.

La sensación que se genera en un niño que es alimentado, acunado por alguien con quien se siente conectado, acariciado, va además mucho más allá de la calma, tiene que ver con la **satisfacción.** Si, en cambio, el adulto hace lo mismo, pero de un modo más mecánico, simplemente calmante, el efecto es totalmente distinto, aunque el niño finalmente acabe dejando de llorar. Al niño satisfecho le crecerá en su interior una sensación a la que podrá recurrir cuando pase por vivencias de desamparo y colapso emocional. El que solo fue calmado puede convertirse en un eterno perseguidor de estímulos, y pasarse la vida buscando algo sin saber exactamente qué es, pero que necesita para sentirse completo.

Calmar no es satisfacer; son dos sintonías distintas y abren dos caminos también diferentes. La experiencia de **sentir que nuestras necesidades son satisfechas nos hace sentir que estamos sostenidos.** Si hemos vivido esta experiencia de sostén, cuando seamos adultos, de modo intuitivo, ante una emoción difícil tenderemos a buscar lo que necesitamos y seremos más capaces de darle significado, de transformarlo en palabras y de comunicarlo. Si solo aprendimos calma, podremos recurrir a sistemas más mecánicos para disminuir el malestar, como caminar hasta el cansancio, conducir rápido, escuchar música hasta el aturdimiento, vapulear el piano en vez de hacer música, dibujar garabatos durante una conversación telefónica, practicar deporte, etc. En esta misma línea, Claude Smadja, autor de *La paradoja psicosomática,* describió algunas conductas a las que llamó **procedimientos autocalmantes,** que son movimientos repetitivos que tratan de anular el malestar, como apretarnos las manos, mover los pies, mordernos las uñas, etc. Quizás incluso fumarnos un cigarro, aparte del componente adictivo, tenga un poco de esto, ya que muchos fumadores necesitan la sensación de tener un cigarro en la mano y toda una secuencia de pequeños movimientos asociados al hecho de fumar. Las conductas repetitivas para calmarnos no son un problema grave, pero, si representan casi nuestra única opción, suponen una limitación importante para la **regulación de las emociones:** nos costará darles significado, conectar con nuestros recuerdos, vincularnos a los demás. No tendremos internamente una imagen de lo que es el cuidado, de lo que se siente en un abrazo, de lo que es que alguien entienda y te dé exactamente lo que necesitabas. En definitiva, nos costará entrar en el registro de la seguridad.

La pregunta importante ahora es: **¿podemos hacer crecer la seguridad si no nos desarrollamos en ella?** Y la respuesta es sí, puede adquirirse e irse fortaleciendo cada vez más. Para hacerlo, debemos buscar una ruta y caminar por ella pacientemente. No hay elementos mágicos para «quitar» el malestar y, aunque existieran (a veces podemos eliminarlo momentáneamente con ciertas actividades, medicamentos o drogas), no resolverían el problema de fondo. **El camino corto es el camino más largo.**

LO IMAGINABLE

El mayor problema de que las experiencias que acabamos de describir no hayan estado presentes en nuestra infancia no es tanto que no existieran en su momento, **sino que son *inimaginables*. Quizás damos por sentado que no estarán ahí para nosotros,** con lo que ¿para qué intentarlo? O pensamos que no será para siempre, que no será de verdad, que lo que otras personas nos dan no llena el hueco que llevamos dentro, solo nos aviva el hambre de lo que no tuvimos. Muchas veces la vida nos aporta eso que necesitamos, pero es como si el camino interno no estuviera abierto y nada de lo que nos dan consiguiera llegar al núcleo. La solución, por tanto, empieza simultáneamente adentro y afuera: debemos abrir las compuertas en nuestro mundo interno y también abrirnos a la confianza en las relaciones. Sí, a veces esto da miedo, pero ese miedo es precisamente el que debemos deshacer.

Empecemos entonces de adentro hacia afuera, veamos cómo convertir lo inimaginable en imaginable. Aunque nuestra infancia haya tenido carencias o inseguridades, podemos imaginar cómo hubiera sido no tenerlas. Pero no basta con construir escenas en nuestra mente, **debemos permitirnos sentir eso que imaginamos.**

Daniel Brown y David Elliott, en su libro *Attachment Disturbances in Adults,* proponen una intervención para desarrollar seguridad en el apego basada en visualizar mentalmente unos padres distintos de los que tuvimos, que puedan responder de modo preciso a nuestras necesidades de la infancia. Por supuesto, ningún ser humano alcanza tal nivel de perfección, ni es razonable pedírsela a las personas que nos cuidaron. Se trata simplemente de un ejercicio mental, que no pretende juzgar a nadie, sino ayudarnos a nosotros y que podemos hacer ahora, juntos, en este momento del libro. Aunque podría parecer simple, tiene su dificultad, y no pasa nada si alguien decide saltarse este apartado y pasar al siguiente. Comentaré su utilidad y también las dificultades que suelen surgir. Es un ejercicio para hacer sin presión, poco a poco. Si nuestra infancia tuvo carencias, puede ser como ir sembrando algo en un terreno desértico, o como limpiar la maleza para dar fuerza a las plantas más saludables.

Imaginar los padres que hubiéramos querido tener no es algo poco habitual. A veces, las personas que tuvieron infancias difíciles y padres complicados no tienen más remedio que contarse una versión más amable de las cosas. En ocasiones, estos padres ideales que construimos son como pintar encima de un cuadro, generando una visión idealizada de nuestros propios progenitores y pasando por alto los ejemplos que contradicen esa imagen adaptada. Otras veces pensamos en lo que hubiéramos necesitado, pero solo un instante, porque nos evoca el dolor de no haberlo tenido. O lo pensamos con coraje, enojados por lo que nos hicieron o por lo que no nos dieron. En cualquiera de estos casos, no llegamos a lo verdaderamente interesante, que es permitirnos sentir, desde la perspectiva del niño que fuimos, cómo es la sensación de recibir precisamente lo que necesitamos, notarla en el cuerpo, por dentro, quedarnos en ella, ayudarla a crecer. Por eso, el ejercicio que voy a proponer a continuación puede ayudarnos solo si lo repetimos pacientemente, hasta donde podamos cada vez. Es cierto, no es más que una construcción, pero también lo son una película o una novela y pueden despertar en nosotros sensaciones potentes. Soy consciente de que, para este ejercicio, muchas personas necesitan compañía, y a veces un acompañamiento terapéutico, pero quizás esto pueda servir como un principio.

Imaginemos entonces que somos de nuevo niños, conscientes de lo que todo niño necesita y de lo que fue importante para nosotros.

Cuando estemos ahí, visualicemos a unos padres completamente distintos a los que tuvimos, que puedan aportarnos exactamente lo que necesitamos y, en particular, aquello que sentimos que nos faltó.

Vayamos recorriendo distintas posibilidades, quedándonos en aquellas que sentimos que nos aportan algo esencial. Si nos vienen imágenes de nuestra infancia o de nuestros padres reales, apartémoslas, no es el objetivo de este ejercicio. Si vienen sensaciones difíciles, relacionadas con carencias o experiencias negativas, enfoquémonos en las sensaciones positivas, pequeñas o grandes, que podemos experimentar con estos padres construidos, que lo hacen de otra manera. No, no estamos juzgando a nuestros verdaderos padres, solo **estamos permitiéndonos imaginar cómo es sentir que se satisface completamente una necesidad profunda.**

Estos padres:

- Están presentes, podemos contar con ellos, están disponibles cuando los necesitamos.
- Están siempre ahí, de un modo consistente, ayudándonos a sentirnos siempre seguros y protegidos.
- Son confiables, están de nuestro lado, sabemos que encontrarán el modo adecuado de estar con nosotros en cada momento. Siempre podemos recurrir a ellos.
- Tienen verdadero interés en nosotros, en lo que pensamos y sentimos. Les gusta que les contemos y compartamos nuestras experiencias y nuestras dudas con ellos.
- Son protectores, nos mantienen a salvo de cualquier daño. Con ellos, podemos sentirnos seguros y no tenemos que preocuparnos nosotros por ello.
- Conectan con nosotros, sintonizan con lo que necesitamos, perciben nuestros cambios, saben ver dentro de nosotros, en nuestra mirada, cómo estamos.
- Saben lo que nos pueden pedir en cada momento, hasta dónde deben empujarnos y, cuando realmente no podemos, no nos piden más. Nos ayudan a dar pasos cuando estamos listos para ello.
- Están ahí cuando estamos mal y nos dan la calma y la tranquilidad que necesitamos. Nos consuelan, nos ayudan cuando tenemos dudas, nos aceptan, aunque nuestras emociones se desborden, sintamos lo que sintamos. Nos contienen también, para que nos sintamos seguros con nuestros sentimientos.

- Están encantados de ser nuestros padres y nos hacen saber que les gustamos tal como somos. No tenemos que hacer nada para que sea así.
- Nos ayudan a explorarnos por dentro, a entender lo que sentimos y a saber que no es peligroso sentir, sino algo natural que puede ser expresado. Nos hacen sentir que todo lo que hay dentro de nosotros está bien, incluso cuando hay algo que a nosotros mismos nos incomoda.
- Nos dan la seguridad que necesitamos para probar cosas nuevas, nos animan a explorar nuevas formas de actuar y de hacer las cosas. Nos dan ánimos para volvernos más aventureros y atrevidos y les encanta vernos aprender. Sentimos su apoyo mientras nos vamos por nuestra cuenta a ver lo que encontramos.

Una vez hecho todo el recorrido, escojamos uno de estos puntos, el que veamos que más necesitamos, e imaginemos a estos padres ideales haciendo justo eso que nos hace falta. Tratemos, una y otra vez, de centrarnos en imaginarnos siendo niños y recibiendo eso, justo eso. Permitámonos sentirlo, notémoslo en el cuerpo, quedémonos en esa sensación. Si vienen también otras sensaciones, volvamos a esta, a la sensación positiva y agradable de experimentar la satisfacción de una necesidad profunda.

Si somos padres, leímos esto y estamos pensando «¡Qué mal lo hago!», olvidémoslo. Este ideal es inalcanzable, y no es necesario para aportar a nuestros hijos una buena infancia y muchas posibilidades de desarrollo. Si estas sensaciones están presentes suficientes veces, los niños las experimentarán, sabrán qué son, sabrán buscarlas y reconocerlas. El mejor modo de aportarles estas vivencias es conocerlas nosotros mismos. De modo que hagamos nosotros el ejercicio para ayudarnos a que se genere seguridad interna. Eso beneficiará mucho a nuestros hijos.

Cada vez que, aunque sea solo un poquito, conectamos con esa sensación, estamos plantando una semilla de seguridad. Si seguimos plantando y regándolas con nuestra paciencia, poco a poco, crecerán. No lo notaremos enseguida, pero la seguridad aparecerá y se fortalecerá. Permitirse experimentar cómo sería tener todo esto puede ser una experiencia profunda y potente, sobre todo si la visitamos con frecuencia, apartando pacientemente todas las interferencias que puedan aparecer.

Si volvemos a los personajes que aparecen a lo largo del libro, **Marcial** necesitaría imaginar unos padres emocionalmente presentes, como él aprendió a estarlo con su nieto. **Iván** se sentiría diferente con unos padres protectores, de los que no necesitara defenderse, porque se preocuparían ellos de garantizar su seguridad. **Soledad** disfrutaría de sentirse vista cuando tenía un problema, cuando estaba mal, sin tener ni que decirlo. **Pandora** se sentiría calmada por unos padres centrados en ella, que sabrían qué decirle cuando se agobiara, que no le pedirían nada. **Bernardo** exploraría con sus padres sus emociones y sentimientos y ellos lo ayudarían a entenderse. **Alma** experimentaría lo que es explorar un poco, atreverse, animada por unos padres que entienden su timidez y su dificultad, pero que también saben qué hacer para proyectarla hacia delante. Incluso **Lucía** se beneficiaría de imaginarse en las etapas difíciles de casa, con unos padres que la ayudaran a entender mejor lo que estaba pasando.

Todas estas cosas no son lo único que un niño necesita, pero sí son lo que a cada uno de ellos más les faltó.

Es cierto, no es tan fácil, y entender por qué nos costó el ejercicio puede darnos muchas claves sobre cómo funcionamos, puede ayudar a que nos entendamos mejor. Pensemos: ¿qué experimentamos con el ejercicio anterior? ¿Tuvimos que dejarlo a medias? ¿Nos costó trabajo? Veamos qué puede decirnos esto sobre nosotros:

Opción 1

El ejercicio nos pareció soso, absurdo o incómodo. Quizás nos pareció una completa estupidez. Puede que nos haya costado visualizarlo, que no hayamos podido conectar con nuestras sensaciones o emociones de niños, ni podido imaginar a esos padres ideales o la interacción con ellos. Solo la idea de intentarlo nos hizo retroceder y, si lo hicimos, enseguida nos rendimos: «No puedo», «No me viene nada», «Esto es una tontería».

Si nos ocurre esto, es posible que tengamos desactivado nuestro sistema de apego y que nuestro estilo sea más distanciante. Nuestra mente desarrolló esta tendencia de modo automático, para evitarnos sensaciones que son difíciles y complejas cuando se producen en la infancia, como el rechazo o la ausencia. Si no notamos la necesidad del afecto, no nos dolerá que no exista, no nos dolerá que nos aparten. Fijémonos en que no estamos hablando de que nuestros padres, los que nos criaron, tuvieran comportamientos de maltrato o negligencia. Quizás sí estuvieron presentes e hicieron todo lo que se supone que unos buenos padres deben hacer. Pero, a veces, los padres también tienen desconectada su capacidad para la ternura, para la cercanía emocional, para la conexión consigo mismos. En cualquiera de esas situaciones, como niños tenemos que adaptarnos, y desconectar nuestra necesidad puede ser lo más viable para lograrlo. Cuando llevamos mucho tiempo funcionando así, pensar en sentir de nuevo esa necesidad y que los demás la satisfagan no es sencillo. Requiere tener paciencia con nosotros mismos.

A veces la vida nos ayuda. Nuestros hijos nos enseñan el lenguaje de los abrazos, y aprendemos a darlos y sentirlos. Nuestros amigos o parejas más afectivos resuenan con lo que hay en nuestro interior, incluso mejor que nosotros, y nos abren una vía. Para que funcione este puente que nos tienden, debemos afianzarlo desde nuestro lado, abriéndonos a sensaciones que pueden resultarnos inquietantes, incómodas o desconcertantes. Es importante quedarse ahí, permitirnos sentirlas, familiarizarnos con ellas. Es entonces cuando se va formando la seguridad en las relaciones, que está hecha de redes de conexión.

Opción 2

Con el ejercicio sentimos un enojo creciente. Nos enfurecimos por lo que nos hicieron y por lo distinta que fue nuestra historia de lo que nos aportarían los padres imaginarios del ejercicio. Empezamos a repasar todos los rechazos, todos los momentos en los que lo que nos daban no era lo que esperábamos, no era suficiente, o las reacciones que fueron desproporcionadas o extremas. Entramos en un espiral de culpa, que tanto se vuelve contra nosotros como contra el otro, y del que no podemos salir. Nos enojamos por lo que faltó, por lo que no nos dieron. Puede que sintamos que nuestros padres, en lugar de estar pendientes de nosotros, nos absorbían y nos jalaban para que los calmáramos o les diéramos satisfacción. Cuando pensamos en esto siempre, irremediablemente, llega un momento en que no somos capaces de pensar y solo nos sentimos mal. Quizás hayamos dejado el ejercicio a medias.

Es posible que, si ocurre esto, nuestro estilo de apego tienda a ser preocupado. La preocupación define nuestros vínculos; de hecho, nunca estamos tranquilos con alguien que nos importa. ¿Y si nos deja? ¿Y si no somos lo suficiente para él/ella? Nunca acaba de ser tal como lo deseamos, y acabamos recriminándole (o angustiándonos por dentro) por lo que querríamos que fuera diferente.

Nuestro sistema de apego, en este caso, está hiperactivado. Al contrario que en el caso anterior, no sabe desengancharse. Cuando no viene lo que esperamos, lo intentamos más, y esto no tiene límite. Ante una dificultad con una persona, nos aferramos, y si el otro intenta alejarse, lo llevamos al extremo. Con nuestra historia nos pasa lo mismo: giramos en círculos alrededor de lo que pasó y no debió pasar, o bien de lo que tendría que haber pasado y no pasó. Por supuesto, no llegamos a ningún lado.

Así como en el caso anterior la respuesta pasaba por permitirnos la cercanía, aquí lo que nos ayuda es desarrollar la autonomía y adquirir perspectiva. Aprender a no intentarlo, a dejar ir a las personas sin aferrarnos, a aceptar que lo que pasó, pasó, y no podemos cambiarlo. Aprender a no forzar la vida, ni las relaciones, ni la realidad. No forzar, no empujar, no aferrarse.

En ambos casos, trabajar en este ejercicio puede ayudar. Si notamos dificultades al hacerlo, este es precisamente un buen motivo para reentrenar nuestro sistema interno. Al imaginarnos recibiendo sin más lo que más necesitamos siendo niños, y volviendo una y otra vez a la sensación de sentir nuestras necesidades satisfechas, aunque sea sutil al principio, ese sentimiento aprenderá a quedarse. Debemos ser constantes, visitar esta imagen sin hacernos preguntas, sin comparaciones, poco a poco. Es como una siembra lenta.

¿DÓNDE ESTÁ WALLY?

Para entender mejor lo que explicaré a continuación, es interesante que veamos un par de videos. El primero lo puedes encontrar en YouTube con las palabras «Capacidad perceptiva. Cuenta los pases» o «Test de conciencia 2». En el video dos grupos de personas, unas con playera blanca y otras con playera negra, se pasan la pelota. El ejercicio consiste en que nos fijemos en el equipo blanco y que contemos el número exacto de veces que se pasan la pelota entre sí. Tomemos nota de ello.

Podemos encontrar otro video escribiendo en YouTube las palabras «Efecto McGurk». Veamos qué percibimos y escuchemos la explicación del narrador. Tomemos nota de nuestras reflexiones.

Y, por último, veamos estas dos imágenes. Una de las barras de la derecha (A, B o C) es exactamente del mismo tamaño que la de la izquierda. El 79 % de los participantes ven que la barra del mismo tamaño es la B. El 12 % ven que la A es del mismo tamaño. Un 9 % creen que es la C. ¿Cuál nos parece que es del mismo tamaño? Apuntemos nuestra respuesta.

Veamos qué quiere decir todo esto. Vayamos con el primer ejercicio, que forma parte de un experimento diseñado por Christopher Chabris y Daniel Simons en 1999. ¿Contamos los pases del equipo blanco? ¿Cuántos fueron? En realidad, eso es irrelevante. La pregunta importante es: ¿vimoso al gorila? Hay una persona vestida de gorila negro, bastante grande, que se pasea en medio de los equipos. Más de la mitad de las personas están tan centradas en la tarea que no ven en absoluto al gorila.

¿Qué relación tiene esto con el tema de este libro? Pues lo cierto es que bastante: **muchas veces, la seguridad está ahí, pero estamos tan enfocados en detectar la amenaza que no la percibimos.** Lo que necesitamos a menudo está presente (aceptación, comprensión, apoyo, etc.), pero estamos tan centrados en detectar el rechazo, la incomprensión o la ausencia que no percibimos los elementos positivos. Sin embargo, ahora que sabemos que el gorila está, veremos el video y podremos detectarlo con facilidad. Cambiando la atención y practicando podemos entrenar nuestra percepción.

Vamos ahora con el llamado *efecto McGurk,* presentado en 1976 por Harry McGurk y John MacDonald, que nos indica que nuestra percepción puede ser engañosa. En este caso, lo que vemos modifica lo que oímos y, aun sabiendo que nuestra percepción es errónea, no podemos cambiarla. A otro nivel, lo que recordamos modela lo que vemos y lo que oímos. Lisa Feldman Barrett, en su libro *La vida secreta del cerebro: cómo se construyen las emociones,* explica cómo nuestros esquemas mentales, lo que aprendimos, establecen una predicción sobre lo que vamos a ver, que influye no solo en lo que pensamos, sino también en lo que sentimos.

> Si anticipamos que seremos rechazados, es más fácil que percibamos rechazo donde otro no lo percibiría. Los estímulos neutros, o incluso positivos, los sentiremos negativos.

Es nuestro cerebro, configurado en el «por si acaso», pero como vemos el mundo desde dentro de ese mismo cerebro, no nos damos cuenta. Muchos daltónicos no distinguen entre rojo y verde y, si el problema no es muy grave, quizás crezcan sin darse cuenta de ello. A nivel emocional puede pasarnos lo mismo: aunque veamos el mundo a través de un cristal distorsionado, desde nuestra perspectiva las cosas «son así». Cuando los demás nos dicen que ellos ven las cosas de otra manera, lo vivimos como incomprensión.

El tercer experimento fue diseñado en 1951 por el psicólogo polaco Solomon Asch, y no es exactamente como lo describimos aquí. Las personas analizaban en grupos de seis las tres rayas, buscando la que coincidía con la de la izquierda, pero cinco personas del grupo se habían puesto de acuerdo con el investigador para señalar una distinta de la C, que es la correcta. El participante, que no sabía nada, dudaba al ver lo convencidos que estaban los demás y acababa cambiando su criterio. Cuando se ven directamente, sin ninguna información, todo el mundo suele decir la C. ¿Nos hizo dudar leer que la mayoría eligiera la B? Si dijimos la C, ¿tuvimos que comprobar varias veces? Lo que nos indica este experimento, en el tema que nos ocupa, es que **la influencia del grupo modifica nuestras percepciones.** Si crecemos en una familia, vivimos con una pareja o nos relacionamos mucho con un grupo que entienden de determinado modo algunas actitudes de los demás, esto puede influir en nuestra propia visión. Para cambiarlo, necesitamos un acto de decisión, valorar por nosotros mismos y mucha persistencia.

Teniendo esto en cuenta, volvamos con Wally. Todos conocemos a este personaje de Martin Handford, vestido con su suéter de rayas horizontales rojas y blancas, lentes, pantalón de mezclilla y un gorro también de rayas. Aparece siempre en medio de muchísimos elementos: personas, objetos, etc., y el entretenimiento es localizarlo. Hay elementos engañosos, que parecen reproducir algunas partes o colores, y toma tiempo dar con él.

Si no funcionamos desde la seguridad, encontrar elementos seguros a nuestro alrededor o en otras personas puede ser como buscar a Wally. En primer lugar, porque para empezar no sabemos quién es Wally, cómo va vestido o ni siquiera somos conscientes de que exista el tal Wally. El propio concepto de seguridad nos resulta desconocido. Por ello, el ejercicio del apartado anterior, el de los padres ideales que nos dan justo lo que necesitamos, del modo en el que lo necesitamos, puede ser un principio para percibir cómo son las sensaciones relacionadas con la seguridad. Ahora, la cuestión es ir poniendo la lupa en los momentos en los que esa misma sensación está presente en el mundo que nos rodea y también los momentos a lo largo de nuestra historia en los que sí estuvo, al menos en parte. Aquí, en el mundo real, no vamos a buscar absolutos ni momentos perfectos, sino experiencias con la misma tonalidad. Esto requiere tenernos mucha paciencia. Cuando nuestros sensores estén desactivados o hiperactivados, de entrada, no veremos los momentos donde sí hubo algo de aceptación, reconocimiento, estímulo, comprensión... No veremos a Wally ni aunque venga a llamar a nuestra puerta.

Las personas del primer grupo (apego distanciante) no suelen gastar el tiempo en buscar a este Wally simbólico y, cuando lo hacen, apartan la vista, porque intuitivamente (basándose en aquellos primeros aprendizajes) sienten que si miran no van a encontrar nada. Las del segundo grupo (apego preocupado) pueden mirar a cualquiera de los personajes que rodean a Wally, empeñados en que les crezca una camisa de rayas, pueden enojarse con el dibujante por ponerlo tan difícil o ponerse tan nerviosas anticipando que no serán capaces que no dan una. Los primeros se aburren porque no ven nada; los segundos se agobian porque lo que ven no les sirve, pero ninguno disfruta del ejercicio. Si Wally representa la seguridad en las relaciones, las personas de apego distanciante no la contemplan: como no saben lo que es, no notan que no la tienen o se dicen que «esas tonterías» no van con ellos. Los de apego preocupado tienen con Wally una relación de amor-odio, y vuelven una y otra vez a abrir el libro, solo para cerrarlo desesperados diciéndose que todo les sale mal.

El ejercicio, nuevamente, es poner la lupa en la seguridad, en la parte que podemos notar, o al menos intuir. Dejamos a un lado lo que no nos la genera y nos enfocamos, tercamente, en lo que sí nos hace sentir más seguros. Toma tiempo, debemos repetir, detenernos a mirar, fijarnos en qué sensación del cuerpo se asocia con ese sentimiento de conexión con el otro, de calma o ausencia de peligro, o de eso concreto que necesitamos: aceptación, sentir que al otro le importamos, que nos ve y que le gusta algo en nosotros. Al principio nos serán más evidentes las sensaciones de miedo, y las dejaremos estar ahí, sin pelear con ellas, pero buscaremos hacernos más conscientes de las sensaciones que tienen más que ver con la seguridad. Cuando ha habido problemas en estas áreas, poner la lupa en ellas equivale a mirar en la oscuridad hasta que empezamos a adaptarnos y a ver siluetas, o a mirar un bosque enorme hasta distinguir en una rama qué pájaro está cantando. Requiere tomarnos tiempo, fijarnos en lo que notamos un poco más cuando pensamos en los elementos seguros, e insistir volviendo hacia ellos. Por ello, para empezar, debemos al menos poder imaginarlo. No podemos reconocer lo que nunca hemos sentido.

MIEDO A NOSOTROS MISMOS

En medio de la primera cresta de la ola pandémica puse esta pregunta en Twitter: «Cuando las cosas van mal, ¿cómo nos tratamos?». Las opciones de respuesta son las que se ven en la gráfica de la página siguiente.

Aunque soy consciente de que cuidarnos bien, y más aún cuando las cosas se ponen cuesta arriba, no es una tendencia generalizada, me sorprendió que esta opción fuera tan minoritaria. Solo un tercio de los que respondieron afirmaban funcionar así. Otro tercio se consideraba su peor enemigo, y esto, si lo pensamos bien, es terrible. Significa que, cuando todo va mal, no esta-

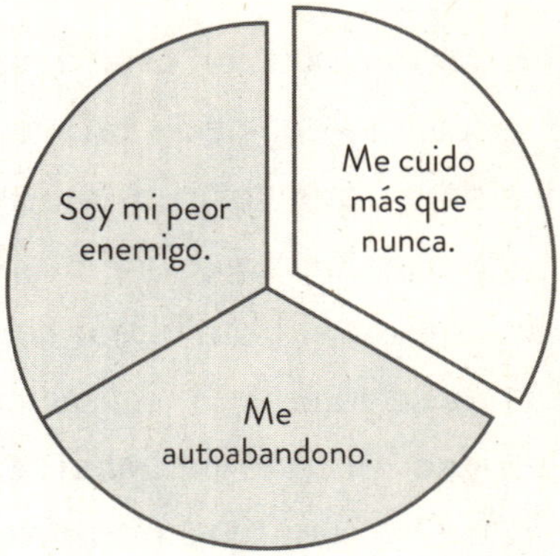

mos de nuestra parte, no jugamos en nuestro propio equipo. El otro tercio se dejaba caer hacia el autoabandono.

En estas condiciones, no es de extrañar que muchas veces nos temamos más a nosotros mismos que a lo que hay afuera. Cuando los pacientes me dicen, en medio de un bajón importante que los lleva a aislarse de los que podrían ayudarlos, «Estoy mejor solo», les pregunto: «¿Estás seguro de que quedándote contigo mismo estás en buenas manos?». Hasta ahora, nunca me han respondido que sí... ¿Por qué ocurre esto?

Algo dentro de nosotros

Nuestra mente es compleja y absorbe lo que nos rodea. En ocasiones, lo que tenemos alrededor es confuso, contradictorio, hostil y muy difícil de asimilar. Así que lo guardamos en compartimentos que tratamos de mantener atascados y que intentamos no abrir. En ellos puede estar **lo que rechazamos de nosotros,** porque si alguien nos mira con rechazo, con asco o con desprecio, puede que sintamos que somos despreciables, indignos... Mejor no verlo, meterlo abajo, adentro, y no visitar esa zona. Si esto ocurre cuando somos pequeños, y nuestra mente se está configurando, es aún más potente. Después, puede que algo active esas sensaciones rechazadas y escondidas (quizás la posibilidad de un nuevo rechazo) y, cuando emerjan, volvamos a empujar fuerte la tapa para que nada salga de ahí. Así vamos tratando de seguir adelante, en un equilibrio inestable.

Lo mismo puede ocurrir con **lo que nadie ve.** En la película *Un monstruo viene a verme,* basada en el libro del mismo título de Patrick Ness, aparece esta pregunta: «Si nadie te ve, ¿de verdad existes?».

No ser visto, sentirse invisible, sin ninguna importancia, es probablemente la sensación más terrible que podemos sentir: es el vacío, la nada.

Es como un agujero negro que amenaza con engullirlo todo, de modo que lo ocultamos, lo cerramos, lo aplastamos, ponemos encima mil losas para que no se abra el suelo bajo nuestros pies.

En ocasiones interiorizamos el horror. El impulso de pelear sigue ahí, aunque completamente bloqueado, y se convierte en impotencia. Cuando nos surja ese impulso, que no podrá expresarse, lo sentiremos como una inmensa ira acumulada. **Veremos dentro de nosotros el reflejo de lo que nos amenazaba,** tendremos miedo de nuestra propia ira, de ser como los que nos dañan. Nos surgirá la tendencia de escapar de nosotros mismos, algo igual de imposible que escapar de la situación que nos rodea. Nuestro mundo interno también estará diseñado por la supervivencia. Entonces es cuando podemos llevárnoslo puesto allí donde vayamos, aunque salgamos del lugar donde nuestro conflicto interno se generó.

Iván, que reaccionó agresivamente ante una discusión con su jefe y se fue del trabajo entre gritos y amenazas, había tenido un padre muy agresivo, que frecuentemente golpeaba a su madre y a él también cuando se metía en medio. Cuando creció lo suficiente para enfrentarse a su padre, la cosa cambió, pero este seguía siendo un hombre impulsivo, descalificador y muy difícil, sobre todo cuando bebía, que era con frecuencia. Iván tenía mucha ira acumulada, pero esa ira lo asustaba, porque le recordaba toda aquella violencia, y él no quería ser como su padre. A la vez, su propia ira le permitió poner un alto a la conducta abusiva de su progenitor, así que tendía a recurrir a ese modo de «resolver» las cosas, y con frecuencia se metía en peleas con cualquiera que lo encarara. Aquel conflicto interno lo convertía en una bomba de tiempo. Más allá de estas conductas evidentes, Iván había anulado su propia vulnerabilidad, el daño, la tristeza, todos esos aspectos de sí mismo que nadie había visto, que nadie había entendido, que nadie había abrazado. Desconectado de muchas de sus emociones, estas operaban como una corriente subterránea, que a veces empujaba con fuerza hacia arriba y salía en forma de impulsos y reacciones poco comprensibles para los que lo rodeaban. Cuando amenazaban con salir de verdad, las anestesiaba con alcohol.

De esos lugares negados, temidos, ocultos dentro de nosotros, pueden salir fuerzas poderosas que operan fuera de nuestra conciencia. Solo entrando ahí y conectando con ello, deshaciendo el dolor, abrazando esa parte de nosotros, aceptando lo que fue rechazado, viendo lo que no fue visto, podríamos sentirnos conectados y completos. De otro modo, lo que rechazamos de nosotros puede actuar en el mundo, pero no nos sentiremos dueños de nuestros actos («No sé cómo pude hacer algo así, me avergüenzo de mí mismo»). Lo que nunca fue visto de nosotros puede tratar de absorber de los demás lo que necesitamos, tratando de llenar ese hueco («No entiendo por qué no puedo dejar esa relación»).

El miedo hacia nosotros mismos no se soluciona escapando hacia afuera. El viaje es hacia adentro, es aprender a mirarnos como necesitábamos ser mirados.

Y junto a este cambio, paciente y progresivo, debemos ir abriendo la puerta a otras miradas. Si nos sentimos indignos, la mirada del otro, la de alguien que nos vea realmente, nos generará una profunda vergüenza. Es importante que esto no nos haga cerrar la puerta, porque solo en esa mirada puede crecer algo nuevo. Si nos sentimos vacíos, absorber energía del otro solo hará que caiga en el pozo sin fondo de nuestro vacío interior: la verdadera solución es reparar el circuito por dentro. Solo entonces las miradas de los demás podrán llegar adentro y nos sentiremos conectados a un nivel profundo.

Es como si hubiera un paso intermedio entre lo que necesitamos y los de fuera. En los niños pequeños no es así, son totalmente dependientes de los adultos que los cuidan, y las áreas del cerebro que identifican y entienden lo que necesitan —y saben buscar cómo conseguirlo— aún no están desarrolladas. Sus áreas emocionales se calman con el adulto, se regulan con el cuidador, siempre y cuando este pueda darse cuenta de lo que el niño necesita. Como mencioné antes, esto solo es necesario que ocurra un número razonable de veces, los niños solo necesitan padres «suficientemente buenos», como explicó el psiquiatra inglés Donald Winnicott. Los hijos de padres «perfectos» que nunca se permiten un error, que siempre hacen lo que se supone que deben hacer, a los que todos admiran, acaban sintiendo que nunca estarán a la altura y crecerán muchas veces con serios problemas de autoestima.

La parte del cerebro que está detrás de la frente (lo que se llama *la corteza prefrontal*, de la que ya hablamos) se desarrolla más tarde y, conforme el niño crece, podrá autocalmarse, autoanimarse y autodirigirse. Claro que también podrá autoagobiarse, y funcionar en cierto modo al revés, complicando un poco las cosas. Es como si estas áreas prefrontales tomaran el modelo que absorbieron o el que tuvieron que ensayar muchas veces ante la ausencia de modelos válidos. Si nos recriminaron o criticaron mucho, es probable (aunque no es una relación matemática) que nos recriminemos internamente, sobre todo cuando estamos mal o en determinadas situaciones. Si no nos vieron, nos costará vernos y conectar con lo que sentimos. Si nos presionaron más allá de lo razonable para nuestra edad, puede que seamos autoexigentes y no nos demos tregua. Si los adultos eran inconsistentes, seguiremos buscando afuera lo que no nos dieron, aunque ya no estemos en edad de llorar para que vengan a arrullarnos. Nos miramos como nos miraron. **Nos cuidamos, en buena medida, del modo en que fuimos cuidados.**

Entender dónde está el problema nos dice también dónde puede residir la solución. Debemos reconfigurar nuestro modo de funcionar internamente. Es importante que nos coloquemos en una nueva posición hacia los demás, aunque muchas veces esto vaya en contra de nuestra tendencia natural. Si podemos vernos con distancia, pensar sobre cómo funcionamos, pensar sobre cómo pensamos, podremos pasar de automático a manual, y empezar a cambiar nuestros patrones. Sí, desde luego, lleva tiempo, pero es cuestión de persistir hasta que se automaticen nuevos estilos de funcionamiento, entonces empezarán a ir solos.

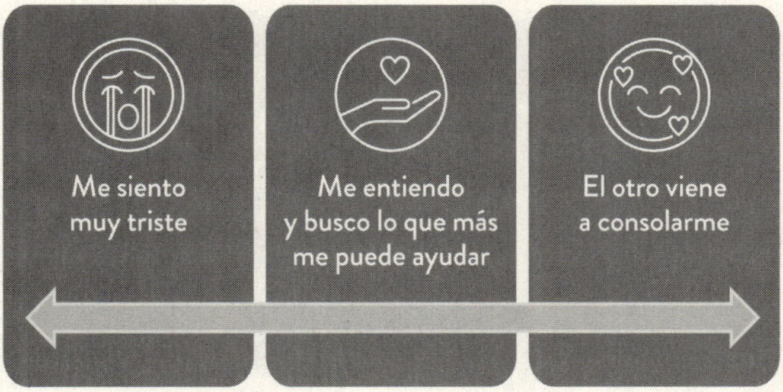

PARTE 6

APEGO Y RELACIONES

Los seres humanos no solo sentimos como amenazante la muerte. Para un niño quedarse sin un adulto que lo cuide y lo proteja hace imposible su supervivencia. El rechazo o la exclusión del grupo, para una especie como la humana, que es por definición social, también significa quedarse solo ante los elementos. Si esto nos ocurre, serán más las cosas que pueden parecernos amenazantes y se dispararán nuestras alarmas, activando las respuestas primitivas que heredamos de las especies de las que evolucionamos. Como veremos a continuación, las relaciones, la seguridad y el miedo están profundamente conectados.

MIRAR A LOS OJOS

A algunas personas les cuesta muchísimo mirar a los ojos y, cuando lo hacen, es fugazmente y apartando enseguida la mirada. Los tan odiados cubrebocas de la pandemia tuvieron como curioso efecto secundario que los ojos se convirtieran en la única clave disponible sobre el estado emocional de los demás, y no nos quedaba otra que mirarnos, aunque llevar la cara parcialmente cubierta supuso para algunas personas un alivio, como si contaran con un escudo protector. Sí, lo sé, para otros fue un martirio. Los cubrebocas tuvieron múltiples significados.

Recuerdo a un padre que tenía frecuentes conflictos con su hijo. Se implicaba en los problemas del chico, a veces muy apasionadamente, defendiéndolo a capa y espada de sus profesores, que, según el hombre, no entendían a su hijo, y cuando este se atascaba emocionalmente, él se desesperaba. En una consulta le pedí que pensara por un momento en su hijo y que imaginara simplemente por unos minutos que lo miraba a los ojos. Fue completamente incapaz, la sola idea le resultaba angustiosa. Para este hombre, que había perdido a sus padres siendo todavía un niño, probablemente mirar a su hijo a los ojos lo llevaba de un modo muy potente, a través del sufrimiento que veía en el chico, a conectar además con el dolor de su propia historia, un dolor que con gran esfuerzo había conseguido negar y minimizar.

Lo cierto es que **la mirada supone una comunicación con el otro de alta potencia** y, aunque es algo que todos los humanos necesitamos, **por muchos motivos ese contacto íntimo y profundo puede resultarnos aterrador.** En parte porque conectar con el otro, a cierto nivel, implica conectar con nosotros mismos. Pero también porque la mirada es una rica fuente de información social, que nos permite saber si las líneas de comunicación están abiertas o cerradas, y esto podemos verlo como algo deseable, incómodo o quizás hasta nos dé miedo. Una mirada directa nos activa, ya que implica que debe ocurrir algo. En el elevador, muchas veces, evitamos este contacto, que llevará necesariamente a una comunicación circunstancial o incómoda. Para las personas, sostener la mirada puede significar muchas cosas: una mayor sincronía, una atención compartida, o quizás también un juicio o una amenaza. Por supuesto, depende mucho de a quién miremos.

Ramiro había sufrido una agresión en la calle y, después de mucho tiempo, seguía viviendo en el miedo. Aunque estuviera con gente, de hecho, gente con quien sentía confianza, no se relajaba. Curiosamente, Ramiro siempre estaba con la cabeza baja, sin mirar a nadie a los ojos. Tampoco se fijaba en dónde estaba y en las muchas señales que tenía a su alrededor, que le informaban que era un lugar seguro. Cuando iba por la calle, dirigía siempre la vista al suelo tratando de no cruzarse con alguna mirada. De ese modo, nunca veía a las personas o los sitios en los que se encontraba. Su mente estaba todo el tiempo en el momento en el que se había cruzado con quienes lo habían agredido y el modo en que lo miraron antes de hacerlo. Ramiro tuvo que aprender a levantar la cabeza, a ir fijándose intencionalmente en cada señal de que estaba a salvo, en las personas que le transmitían seguridad con la mirada, y a dejar entrar estas sensaciones. Poco a poco, al hacerlo, una mirada dejó de ser para él una señal de amenaza, y con ello se fue disolviendo el miedo.

¿Por qué se produjo de entrada esta reacción en Ramiro? Su cerebro asoció fuertemente un indicador (la mirada de alguien) al peligro («Me van a hacer daño»), porque la intensidad del miedo que experimentó lo dejó grabado de ese modo. Para su cerebro, recordar que detrás de una mirada puede venir un ataque parecía una información crucial. Sin embargo, como ya vimos, este mecanismo de supervivencia a veces se vuelve en nuestra contra y no es fácil convencer a nuestro sistema nervioso de que hay que deshacer esa asociación. Por eso, **debemos ayudarlo y dirigir a propósito y de modo insistente nuestra atención hacia la seguridad, aunque la tendencia instalada sea priorizar la detección de peligros.** Como en el cambio de cualquier automatismo, tenemos que pasar a manual, lo cual supone poner conciencia en ello, y es normal que inicialmente sea cansado y nos cueste. Conforme el miedo baje, todo será más fácil y, con el tiempo, la nueva tendencia se automatizará.

Además, evitar a las personas y la interacción con ellas le dificultaba a Ramiro aprender cosas nuevas. La lección grabada a fuego sobre detección de peligros era la única que se repetía en su mente, y reconectarse con los demás le costó trabajo. Cuando lo fue haciendo, pudo aprender otras lecciones significativas, como que a los demás les importamos, que quizás hayan vivido cosas similares y que puede que sepan darnos pistas de cómo se sale de algo así.

CONECTAR EN LAS RELACIONES

El ejemplo de Ramiro nos sirve para ver que, para algunas personas que tuvieron que desconectarse de los demás —y esto se ha convertido en un modo de funcionamiento permanente—, **conectar puede sentirse como una amenaza.** Podemos crecer sin prestar atención a lo que sentimos y sin poner nuestra energía en las relaciones y las emociones que se mueven en ellas. Esto no significa que estemos materialmente aislados en un búnker: podemos tener familia, amigos y confraternizar con nuestros compañeros de trabajo. Pero dejar que alguien nos conozca de verdad es otra cosa. En estas condiciones, la relación con el otro se parece más a una fórmula matemática y todo consiste en seguir las reglas del juego. Pero sin acceso a nuestros sensores emocionales, no podremos intuir al otro y, si surgen problemas en las relaciones, nos preguntaremos: «¿Qué se supone que hay que hacer en esta situación?», como si la respuesta estuviera escrita en alguna receta.

Por el contrario, **estar conectado** hace innecesarias las recetas, podremos fluir en las relaciones y guiarnos por nuestra intuición. Y cuando, lógicamente, nuestra intuición nos falle, incorporaremos esa nueva información e iremos intuyendo más sabiamente con el paso del tiempo.

Cuando funcionamos en función de esquemas fijos o recetas, es más fácil que las personas, todas muy distintas y con muchos matices, se salgan de lo previsto. Nos diremos: «Este es el típico...» y resultará que no, que las personas no somos clones y que un comportamiento puede tener detrás muchas motivaciones distintas. Si esto nos resulta confuso y difícil, recurriremos a las **etiquetas** y tendremos una versión simplista de las relaciones. Al funcionar desde la desconexión, no podremos guiarnos por nuestras sensaciones y, si nos vemos perdidos, surgirán el miedo y la inseguridad. El miedo activa el «modo supervivencia» y ahí la comunicación pasa a segundo plano o se utiliza como arma arrojadiza.

El apego en las relaciones románticas

Stan Tatkin es un psicólogo que ha hablado mucho sobre las relaciones de pareja y cómo el miedo activa en ellas nuestras respuestas instintivas de protección. Cuando estamos en modo supervivencia, nuestras reacciones serán impulsivas y automáticas. Lo de pensar, con suerte, vendrá después. El problema es que nuestra respuesta defensiva también disparará la del otro, y entonces las cosas pueden complicarse mucho. En esta situación no hay reflexión, no hay comunicación, no hay encuentro. Si se disparan nuestras alarmas y activamos las respuestas primitivas que heredamos como especie, se desatará fácilmente un conflicto en el que solo puede haber ganadores o perdedores. Bueno, en realidad, lo más probable es que acabe habiendo perdedores y perdedores.

Nuestra historia previa, además, puede generar **tendencias de vinculación** particulares. Si hemos sufrido daño en relaciones importantes, nuestra predicción será que hasta aquellos en quienes confías te pueden traicionar. Quizás nunca confiemos del todo, o justo el hecho de empezar a confiar puede despertar nuestros peores temores. Así, cuanto más nos acercamos, cuanto más cerca nos sentimos, más a la defensiva nos ponemos. Estos factores entran en juego en todas las relaciones, pero es en las que se establece mayor intimidad donde pueden dispararse más que en cualquier otra.

Aunque no hayamos experimentado daño interpersonal, nuestros primeros vínculos generalmente marcaron tendencia. Hablábamos de ello en capítulos anteriores, en relación con lo que llamamos **estilos de apego.** ¿Cómo nos lleva esto a situarnos en las relaciones y a manejar los conflictos?

Las personas que se sienten seguras por dentro (apego seguro o autónomo), si se sienten dolidas o ven problemas en la relación, pueden hablar de ello y entienden y respetan que el otro tenga una forma distinta de ver las cosas. Buscan soluciones cuando hay un conflicto. Si no se ve solución, pueden irse de la relación sin sentir que caen a un abismo.

Quienes se sienten inseguros pueden, como ya sabemos, seguir dos tendencias:

- Unos, los de **apego preocupado,** se aferran desesperadamente. Se molestan por lo que pasa y por lo que creen que debería de pasar y no pasa, y no se despegan fácilmente de ese enojo. Esperan o reclaman que el otro haga algo, pero, curiosamente, incluso cuando el otro responde como piden, no parecen quedarse satisfechos. Con estas personas, las conversaciones son complejas, sin que parezcan seguir un hilo conductor ni resulte fácil saber qué proponen. Tampoco a ellos mismos les es fácil entenderse o pensar de forma objetiva. La emoción lo arrastra todo y es fácil perder el control. Si las cosas no se encauzan, no saben rendirse, porque la idea de separarse es más aterradora que cualquier problema que pueda producirse en la relación.

- En el otro extremo están las personas para las que la distancia es una solución, con un **apego distanciante.** Si hay cualquier incomodidad emocional, se retraen; si algo es un problema, no lo comentan, quizás ni siquiera se lo dicen a sí mismos. No es que no les importe, es que no saben manejarse en el área emocional. De hecho, estar cerca para ellos ya es una proeza. Si el otro trata de solucionar el problema pidiendo más comunicación y más cercanía, esto los echa aún más para atrás. Cuanto más aumenta la temperatura del conflicto o de la relación, más espacio necesitan, y eso puede llevar al distanciamiento o la ruptura. Por supuesto, no querrán hablar de ello.

¿Cómo reaccionamos nosotros? ¿En qué grupo nos vemos más representados? Recordemos que ninguno de estos patrones es una patología: solo es el modo en el que traemos configurados nuestros patrones de vinculación con los demás. Es bueno que seamos conscientes de ello, tanto respecto a nosotros mismos como con respecto a las personas con las que nos relacionamos. Estos patrones pueden evolucionar hacia la seguridad, pero no es realista pedirle a alguien o exigirnos a nosotros hacer ese cambio de la noche a la mañana.

¿Cómo podemos ayudar a que haya más seguridad en nuestras relaciones de pareja (y en general en las relaciones más cercanas)? Como vemos, tiene mucho que ver con funcionar de un modo reflexivo en lugar de impulsivo, y con ponerle fácil al otro reflexionar sobre nuestra perspectiva y nuestro modo de relacionarnos.

Potencia la actitud defensiva	Promueve la seguridad
Damos por sentado que las cosas son de un determinado modo.	Preguntamos la visión del otro con curiosidad.
Hacemos reproches: «No soporto que tú...».	Hacemos propuestas: «Me ayudaría que tú...».
Interpretamos: «A ti lo que te pasa es que...».	Explicamos lo que sentimos: «Cuando pasa esto, yo me siento...».
Aprovechamos cualquier ocasión para sacar el tema.	Buscamos momentos de tregua, vamos a los rituales (desayunar juntos, salir a comer...).
Preguntamos, pero ya tenemos la respuesta preparada para «disparar».	Preguntamos y escuchamos con atención lo que nos dicen, tratando de entender.
Hablamos en caliente y no nos rendimos hasta haber dicho todo lo que tenemos que decir.	Dejamos que se nos pase, pensamos cómo decirlo y lo hablamos más tarde (mejor antes de irnos a dormir).

Es normal que todo esto nos resulte difícil. Podemos sabernos de maravilla la teoría, pero si algo nos toca determinados botones, se activará nuestro instinto de defensa y no tendremos acceso a nuestra biblioteca de recursos mental. Como dice Tatkin: «No hay nada más difícil en el planeta que otra persona». Y si esto es cierto en general, con las relaciones de pareja la dificultad se eleva a la máxima potencia. Toda nuestra historia con los vínculos y con las separaciones guiará nuestras inercias y nuestros automatismos, y podremos acabar bailando un baile que a ninguno de los dos le gusta. Entonces dejaremos de sentir que estamos en el mismo equipo, y pasaremos a funcionar como contrincantes.

Sin embargo, no es eso lo que necesitamos.

> Hacemos vínculos estrechos: parejas, amistades, grupos, para tener un «nosotros» que nos acoja frente a las inclemencias del mundo.

Una batalla ahí dentro nunca se gana, la única conquista que vale la pena es la conquista de la seguridad. Y si hay que rendirse y dejar de intentarlo, recordemos que afuera no está el vacío, sino nuevas oportunidades.

IRSE A TIEMPO, SABER QUEDARSE

> El miedo no es más que un deseo al revés.
>
> Amado Nervo

Las relaciones son la fuente de la seguridad, pero también son lo que más daño puede hacernos. Lo complejo de los vínculos y el modo en el que está configurado nuestro sistema de apego puede hacer que, a veces, nos quedemos en relaciones que nos hacen daño, que nos restan, que nos consumen. ¿No tendría sentido que eso nos diera miedo y que esa emoción nos lleve a alejarnos del origen del malestar? Como todos seguramente sabremos por experiencia, la cosa no es tan sencilla. El miedo nos hace apartarnos del peligro y del dolor, pero a veces lo sentimos, y, sin embargo, no nos permitimos seguir ese impulso, no nos apartamos. Nos quedamos junto a la fuente del daño, paradójicamente, pero no porque sí. Todo tiene su sentido, aunque no siga las reglas de la lógica.

A veces nos cuesta irnos porque **nos aferramos a la esperanza.** Esperamos contra toda evidencia que venga lo que nunca vino, que pase lo que nunca pasó, que termine lo que no acaba de terminar. Cuando nos preguntamos «¿Hasta cuándo?», siempre nos asalta la duda de «¿Y si esta vez sí...?». Sin embargo, muchas veces esperar trae consigo muchos problemas. Esperamos que alguien que nunca nos ha mostrado respeto sea considerado, que quien está siempre insatisfecho se sienta por fin orgulloso de nosotros, que quien nunca nos miró nos vea, que quien ni siquiera se entiende a sí mismo (aunque diga las cosas extremadamente convencido) nos comprenda. Esperamos cosas imposibles, o al menos altamente improbables.

Cuando hablamos del apego seguro, un elemento central era la autonomía. Es tan importante ser capaces de llegar a un nivel alto de intimidad en las relaciones como lo es poder funcionar por nuestra cuenta. A veces, sencillamente, mantener el vínculo nos pasa una factura demasiado alta, es más lo que nos resta que lo que nos aporta o hay cosas en la relación que resultan directamente dañinas. Y, sin embargo, poner fin a una relación, tanto si hablamos de una pareja como de un amigo íntimo, puede ser extremadamente difícil, aun en esas circunstancias. Para poder estar bien en una relación, debemos ser libres de irnos cuando queramos. **Para poder vincularnos, tenemos que poder**

alejarnos. La cuestión es: ¿algo nos lo impide? Y de ser así, ¿qué es ese algo?

Hagamos un ejercicio de imaginación: en nuestro jardín hay un árbol, que nos protege del sol y de la lluvia y que produce sabrosa fruta con la que alimentarnos. A veces podemos subirnos a sus ramas y ver desde ellas el horizonte. En algunos momentos, nos gustará leer bajo su sombra, despreocupados, y si sopla el viento sabremos que su tronco nos protegerá. Podemos pasear por el jardín, probar fruta de otros árboles, pero ese es nuestro favorito, el rincón al que siempre volvemos.

¿Qué pasa si el árbol está dañado y se inclina peligrosamente? Podemos gastar nuestra energía en buscar modos de apuntalarlo y, si sopla el viento, nuestra principal preocupación será reforzarlo para que no se caiga. Nos encanta la fruta que da ese árbol, pero, como no está sano, la mayor parte de los frutos están medio secos y no saben bien, así que nos los comemos con ganas y acabamos generalmente decepcionados. No nos apoyamos en el árbol porque parece que va a venirse abajo en cualquier momento y, aunque leemos a su sombra, porque es la única que hay, nos sentimos incómodos y molestos.

Quizás el árbol es demasiado delgado, con pocas ramas y no da frutos. O los frutos son amargos y caen mal en el estómago, o acostumbran caerse sobre nuestra cabeza cuando estamos leyendo. Quizás a su alrededor crecieron espinas que nos recuerdan sistemáticamente que recostarnos sobre el árbol no es buena idea. El árbol no es un sitio agradable para estar, y nos acabamos acostumbrando al sol. Acabaremos pensando que las sombras son molestas, que nos gusta estar curtidos por el sol y que no nos interesa la fruta.

Otra posibilidad es que, durante una tormenta, un rayo haya fulminado el árbol estando nosotros cerca. El árbol nos hace rememorar ese momento, y mirarlo partido y medio quemado nos recuerda que es peligroso acercarnos. Los árboles pasarán a ser un recordatorio de las tormentas, nos darán miedo y no los consideraremos como sitios para resguardarnos de algún peligro.

No todo depende del árbol, también depende de qué intentamos hacer con él. Si no da sombra o buenos frutos, o no es firme, podemos centrarnos en repararlo o hacer nuestra vida fuera de su influencia, en la medida de lo posible. Cuando sentimos inseguridad, tenemos que buscarla, y en ese punto se abren ante nosotros dos caminos opuestos: podemos tender a agarrarnos más fuerte o a tratar de funcionar sin agarrarnos a nada. Una vez que empecemos a caminar por uno de los dos caminos, nunca totalmente satisfactorios, podemos seguir y seguir por esa misma dirección, a ver si así encontramos finalmente esa seguridad que todos necesitamos. Por una ruta, nos aferraremos desesperadamente a lo que tenemos, esperando a que el árbol se fortalezca o los frutos sean como los imaginamos. Por la otra, nos alejaremos de los árboles, ya sea porque concluimos que no sirven para nada, o bien, porque ahora nos provocan miedo.

Esta historia marcará nuestra relación con otros árboles. Probaremos mil frutas y ninguna será como la soñamos, o estar junto a un árbol nos resultará incómodo o atemorizante. Aunque sean otros árboles, que quizás pudieran darnos una buena sombra y frutos nutritivos, los juzgaremos con nuestros primeros parámetros y esa predicción influirá en lo que nos encontraremos. Si nos agarramos y jalamos fuerte un árbol sólido, si estamos siempre comprobando qué tan firme es, podemos acabar haciendo que se tambalee. Si nos apartamos por sistema, renunciaremos a encontrar alivio cuando paseemos bajo el sol y a comer cuando nos dé hambre en el camino.

Acorde con lo visto en el apartado anterior, el tipo de árboles de nuestro jardín, es decir, el tipo de personas con las que crecemos y que nos protegen y nos cuidan, tiene que ver con cómo nos situaremos posteriormente en las relaciones. Son hábitos automáticos, como patrones muy básicos de funcionamiento que en un caso nos mueven a aferrarnos a las relaciones y nos llevan a perdernos en lo emocional, y en otro caso nos alejan de la conexión con el otro y también de lo que sentimos. Esto tiene mucha influencia en cómo reaccionamos cuando se producen problemas en las relaciones, problemas que suponen daño o peligro para nosotros. Tendría sentido escapar de ello, pero ¿y si es más fuerte el impulso que nos lleva a aferrarnos? Es como si nos refugiáramos de una tormenta debajo del árbol, aun sabiendo que es fácil que un rayo caiga sobre él. O si empieza a haber problemas y toca hablar de lo emocional, ¿nos alejamos o nos retraemos cada vez más? Nuestro estilo de apego tendrá una influencia central en el tipo de respuesta que tendremos:

- Si crecimos sintiendo que debemos aferrarnos fuerte y nos relacionamos desde nuestra maraña emocional (apego preocupado), ante un distanciamiento puntual podemos sentir como si fuéramos a ahogarnos en el mar («No puedo vivir sin él/ella») o, cuando nos alejemos o el otro se aleje, trataremos obsesivamente de recuperarlo («¿Por qué no me quieres?»), o no podremos salir del odio o el rencor («¿Cómo pudiste hacerme esto?»). Pediremos una y otra vez hablar de ello, pediremos respuestas, pero ninguna nos resultará suficientemente satisfactoria.

Si nunca hemos podido apoyarnos en nadie, probablemente hayamos aprendido a ignorar nuestra inseguridad y nuestro miedo (apego distanciante), aunque eso no nos hará inmunes a él. Si alguien se aleja o pensamos en alejarnos podremos quitarle importancia («Me da igual»), afianzarnos en nuestra autosuficiencia («No necesito a nadie») o descalificar al otro («Es un imbécil»), pero el dolor estará enterrado bajo la superficie, junto a las necesidades y las emociones que hemos negado. Cuanto más intente el otro hablarlo o solucionarlo, más incómodos nos sentiremos y más nos alejaremos.

Si en algún momento hubo peligro en algún vínculo significativo, en las relaciones no sabremos hacia dónde ir. A veces nos aferraremos, después nos acabaremos abrumando o asustando y desistiremos. Funcionaremos de un modo contradictorio (apego desorganizado), yendo de un extremo al otro y dando tumbos en las relaciones. No sabremos qué lado escoger, en ambos hay miedo («Te odio por el daño que me hiciste, no me abandones, no me trates así») y ninguno nos convencerá («No puedo vivir sin ti, pero no te soporto»).

El caso de **Soledad** ejemplifica bien cómo podemos aferrarnos a una relación dañina, cómo pueden los vínculos establecidos a través de la intensidad cegarnos respecto a los indicadores de peligro, cómo la conexión con la vulnerabilidad del otro puede impedirnos ver otros aspectos muy diferentes y cómo la desconexión con uno mismo nos impide movernos hacia lo que necesitamos. Aunque ella, después de terminar esta historia, optó por aislarse de toda relación, sintiéndose incapaz de moverse en ese territorio, su camino hacia la seguridad pasa por atreverse a confiar en otras personas, arriesgarse a vincularse de nuevo, pero esta vez de un modo reflexivo, conectando consigo misma y aprendiendo a entender las complejidades de la mente de los demás.

¿CÓMO PODEMOS SALIR DE ESTOS PATRONES?

El desafío es distinto para los que se aferran y para los que evitan la intimidad, porque los patrones de base son distintos y, por tanto, la ruta para cambiar hacia la seguridad es diferente.

Si **tendemos a aferrarnos,** nuestra meta es que en las relaciones dejemos que corra el aire entre el otro y nosotros: «Puedo estar solo», «Existo sin el otro», «El otro no tiene que darme todo lo que me faltó o necesito», «El otro tiene sus propios sentimientos, su propia perspectiva».

Si **no nos implicamos emocionalmente,** nuestro objetivo es experimentar la cercanía y la intimidad sin salir corriendo: «A veces las relaciones son duras, pero valen la pena», «Puedo permitirme ser vulnerable, puedo mostrarlo», «Puedo pedir lo que necesito».

Si **oscilamos entre lo uno y lo otro,** hacer caso a ambas tendencias, sin ir al extremo, es el nuevo funcionamiento que debemos desarrollar.

De este modo, nos quedaremos en las relaciones cuando sean buenas para nosotros, cuando nos aporten, cuando nos hagan crecer. Cuando sean dañinas, nos alejaremos. Valoraremos cada árbol por la sombra que arroja y por los frutos que da. Por supuesto, el cambio no se produce únicamente por repetirnos estas frases. Necesitamos hacer pequeños y constantes cambios, como ejercicios de autonomía, en el primero; de comunicación emocional, en el segundo; y de equilibrio, en el tercero. Saber que es un camino difícil nos hará ser comprensivos y realistas. Saber que es posible nos hará empezar el camino y tomarnos el tiempo necesario para recorrerlo.

PARTE 7

LA CLAVE ESTÁ EN LA REFLEXIÓN Y LA CONFIANZA

CÓMO SE ADQUIERE LA SEGURIDAD

Los patrones de apego que representan dos polos opuestos de la inseguridad, el distanciante y el preocupado, son **formas de adaptación.** Es verdad, son sistemas extremos, pero también es cierto que se generan para que podamos desarrollarnos en contextos emocionales poco favorables. No es una relación matemática, como ya vimos, no se trata de que, si nuestros padres no se sentaban con nosotros a tener conversaciones sobre emociones, no tengamos ninguna opción de desarrollar seguridad interna.

Los padres, como seres humanos que son, también tienen sus estilos de apego, y muchas veces se relacionan con sus hijos en función de ellos. Es frecuente que el estilo de apego de los padres tenga que ver con el de sus hijos, pero esto no ocurre en el cien por ciento de los casos. Muchas personas son capaces de asimilar experiencias difíciles, reflexionar sobre ellas de un modo coherente y sentirse seguros con los demás tanto en la intimidad como en la distancia. ¿Qué marca la diferencia? Un aspecto importante son las otras personas que están ahí cuando los niños están creciendo, figuras como abuelos, profesores, amigos, etc., que pueden aportar elementos clave para sentir que hay gente fiable, cercana, gente que sabes que está ahí y con la que puedes contar. Esto lo veíamos muy bien en el caso de Lucía, con el apoyo de su hermana, su profesora, y más tarde de su amiga Paula.

ENCONTRAR PEQUEÑAS SEMILLAS DE SEGURIDAD

Si tuvimos una infancia complicada y creemos que nuestro estilo de apego no es muy seguro, un punto de apoyo puede ser recordar a estas figuras más periféricas, pero fundamentales, que sí estuvieron ahí (al menos a veces o en parte), que sí nos entendieron en algunos momentos, que se sintieron orgullosas de nosotros o que nos apoyaron cuando lo necesitábamos. Cuando los cuidadores principales no cubrieron nuestras necesidades emocionales, estas otras personas nos pueden pasar desapercibidas; también es posible que pensar en ellas nos lleve al resentimiento («¿Por qué mis padres no eran así?»).

Para que estos elementos puedan ser semillas de las que crezca nuestra seguridad debemos prestarles atención. Tomemos nuestra lupa y enfoquémonos en ellas, en lo que nos aportaron, en los momentos en los que nos hicieron sentir cosas que necesitábamos. Volvamos con frecuencia a lo que sí hubo, aunque fuera poco, aunque fuera a veces. En esas experiencias encontraremos pequeñas semillas desde las que puede crecer, desde adentro, la seguridad.

Este cambio, como la mayoría de los cambios importantes, como decíamos antes, no ocurre simplemente porque les pongamos nombre a estas cosas ni porque nos hagamos el propósito de modificarlas. Pasado el periodo de la infancia en el que se configuran, los apegos inseguros no son sistemas flexibles que nos permitan seguirnos adaptando a las circunstancias diversas que nos traerá la vida, sino que se caracterizan más bien por la rigidez. Sin embargo, **el cambio es posible.**

Una de las dificultades que supone esta evolución hacia la seguridad es que el camino que debemos recorrer implica convivir con el miedo, el miedo a la cercanía que sienten los apegos distanciantes y las inseguridades de volverse autónomos que experimentan los preocupados. El miedo a mirarnos por dentro y el miedo a mirar al otro a los ojos. El miedo a que el otro deje de estar ahí. Por ello, solo adquiriendo perspectiva nos animaremos a hacer este camino, que va en dirección contraria a nuestra tendencia central. Necesitamos cultivar dos ingredientes esenciales: **reflexión y confianza.**

REFLEXIÓN

Cuando pensamos en el paradigma de la persona segura de sí misma, a veces creemos que es alguien que defiende sus ideas con una firme convicción, pero esto está muy lejos de ser así. La **convicción** suele tener que ver más bien con la rigidez y con la incapacidad de dejar entrar información nueva, cuestionarnos nuestras creencias y dejar que evolucionen. El convencido defiende a capa y espada su idea frente a todos los datos que podrían ponerla en duda, y se resiste a cambiarla. En la terapia de aceptación y compromiso,[3] a esto se le llama *fusión cognitiva,* es decir: la persona se fusiona con sus creencias hasta el punto de que siente que estas la definen. Las creencias firmes, rígidas, inamovibles, incuestionables, son un intento de control y un síntoma de inseguridad. En el fondo, lo que los controladores sienten es miedo.

Por el contrario, lo que más relación guarda con la seguridad en el apego es la **capacidad reflexiva.** Esto significa estar abiertos a la información del mundo, ver los datos y permitir que nos cuestionen. Reflexionar implica más hacernos preguntas que tener respuestas, mirar a los demás y mirarnos a nosotros no desde el juicio, sino desde la curio-

3. La terapia de aceptación y compromiso forma parte de un grupo de terapias que se llaman *contextuales,* porque analizan las conductas en el contexto en el que se producen, y también del llamado *grupo de terapias de tercera generación,* que se desarrolló posteriormente a las corrientes de psicoterapia más clásicas. Sus propuestas se remontan a un artículo de Steven Hayes en 1984. Algunos elementos centrales de esta terapia son la importancia de la flexibilidad psicológica, la aceptación y el compromiso con los propios valores.

sidad por conocer, tanto a nosotros mismos como a los demás, nos caigan bien o nos hagan daño. Por supuesto, nos protegeremos del daño, pero para ello no necesitaremos estar a la defensiva, porque nos sentiremos con recursos para manejarnos en las relaciones e iremos aprendiendo tanto de nuestros éxitos como de nuestras decepciones. Reflexionar significa contar con un poderoso *software* que nos permite procesar la información del mundo, que está constantemente actualizado, con el que podemos analizar situaciones complejas, aunque sean imprevistas y atípicas. No es una lista de instrucciones para llegar a un sitio: es un GPS de última generación.

Veremos en los últimos capítulos con más detalle qué es esto de la capacidad reflexiva (sí, lo siento, dejamos lo más interesante para el final), pero estos serían algunos aspectos clave de cuál es la ruta hacia la seguridad, que será diferente según el estilo de apego del que estemos partiendo.

El **distanciante** debe convivir con el miedo a la intimidad emocional, introducirse en un mundo ajeno y desapacible. Debe hablar de emociones y sentimientos, y esto le resultará forzado. Tiene que permitirse ser débil, vulnerable, y mostrarlo a otras personas. Tiene que profundizar en su historia, bajando al detalle de los momentos vividos y restaurando el color y los matices, hasta recuperar una pintura realista de las relaciones más significativas. Estos cambios le costarán trabajo y sentirá que va a contracorriente, pero, con el tiempo, el nuevo funcionamiento empezará a volverse familiar.

☞ El **preocupado** tiene que hacer otro viaje, dando unos pasos hacia atrás. Necesita aceptar las relaciones con sus matices y sus defectos, con lo que aportan y con sus carencias. Debe frenar las vueltas de su cabeza sobre lo que no pudo ser, sobre lo que no llegó, sobre lo que lo dañó y asumir que así fueron las cosas y que no hay vuelta que darle. Necesita dejar a los demás la responsabilidad sobre sus propias vidas y su bienestar, aunque ellos no la asuman. Debe aprender a dejar de intentar que funcione lo que no funciona y centrarse en lo que pueda conseguir de la vida sacando partido a sus propios recursos.

☞ El que tiene un **patrón desorganizado** necesita un poco de ambas cosas, buscar un punto de equilibrio sin oscilar de un extremo a otro. Su trabajo se trata sobre todo de poner sobre la mesa todas las piezas del rompecabezas, todas las reacciones contradictorias, pararse a entender el origen de cada una de ellas y, desde una visión de conjunto, plantearse cómo evolucionar en un futuro. Si esta tendencia es muy extrema, necesitaremos la ayuda de otros para adquirir perspectiva, porque eso es precisamente lo que no traemos puesto, y de entrada vamos a vernos desde nuestra propia estructura, hecha de compartimentos estancos.

En función de cómo sea nuestro estilo de apego, nuestra manera de vincularnos, necesitaremos cambios específicos.

EJERCICIO

Pensemos en nuestras relaciones más íntimas, con nuestra familia de origen, nuestra pareja o amigos cercanos, y miremos cuál de estas afirmaciones nos cuesta más: es en esa en la que tendremos que trabajar.

Somos independientes, pero nuestra relación es importante para mí.	Estoy contigo, cerca, pero no soy tú. No somos uno.	Tú estás junto a mí, pero no me defino en función de ti.
Te veo como eres, real, con tus matices, con tus limitaciones.	Me veo por dentro, conecto con lo que siento y entiendo lo que significan las cosas.	Soy vulnerable y puedo mostrarme vulnerable contigo.
Puedo funcionar solo, puedo calmarme a mí mismo, puedo cuidarme.	Puedo sentir cosas contradictorias contigo y aun así sentirme vinculado a ti.	Me importas, te extrañaría si no estuvieras, pero puedo vivir sin ti.

Todas estas frases son un desafío en sí mismas si venimos de la inseguridad, pero también son objetivos sobre los que vale la pena trabajar. **El lenguaje emocional puede aprenderse.** Podemos practicar los abrazos y llegar a disfrutarlos. También podemos aprender a hacer solos cosas para las que siempre solíamos depender de otros, como salir a pasear o hacer gestiones. Podemos dejar de esperar que venga del otro lo que vamos aprendiendo a darnos nosotros mismos.

CONFIANZA

> Debes confiar y creer en la gente; de lo contrario, la vida se torna imposible.
>
> ANTÓN CHÉJOV

Confiar es sentir que el otro es intrínsecamente fiable. Si esta frase nos hace pensar que confiar es arriesgado, así es, pero la alternativa es la inseguridad permanente. Por supuesto, no hablamos de confianza ciega, sino de que sintamos que confiar en otro ser humano no es una posibilidad remota o imposible.

Adquirir confianza básica en las personas si nuestro sistema de funcionamiento se ha configurado en relaciones inseguras puede hacerse, pero lleva tiempo, y hay que querer dedicarse a ello. Muchas personas defienden que la desconfianza generalizada es el único modo de estar protegidos, y le quitan importancia a los problemas de relación que genera y al daño que se deriva de ello. Además, la ruta hacia la confianza es escabrosa, y al atravesarla debemos convivir con el más profundo de nuestros miedos mientras una gran inercia nos arrastra hacia atrás y hacia adentro. Cuando empezamos este viaje, todavía no tenemos ninguna prueba, ninguna experiencia propia, de que aquello que queremos conquistar realmente exista, más allá de la palabra de quienes conocen los beneficios de confiar.

Como todo, los extremos solo sirven para situaciones extremas, y lo mismo ocurre con la confianza. Aplicar una receta radical a todo lo que nos encontremos en la vida será poco eficiente y nos generará muchas dificultades. Podemos crearnos problemas tanto por desconfiar sistemáticamente como por confiar en exceso.

Quien no confía en nadie se dice cosas como: «Estoy mejor solo», «Si confío me harán daño, tengo que protegerme», pero este nivel de desconfianza no nos protege, solo nos aísla. Y si bien es importante poder hacer cosas solos y tener autonomía, levantar muros que nadie puede atravesar no hace que dentro de los muros habite alguien que se sienta seguro. Ahí adentro, el miedo a lo de afuera se hace más grande, porque nunca se sale al mundo exterior, porque todo lo que hay ahí afuera ha sido catalogado como peligroso. Dentro de los muros de la desconfianza habita la inseguridad, habita el miedo, un miedo que solo puede resolverse saliendo por la puerta.

Quien confía en exceso y se lleva un desengaño tras otro no tiene un problema de muros, sino de espejismos. Cuando se vuelca en alguien a quien no conoce, lo hace imaginándolo perfecto, ajustado a un ideal que no encaja en ninguna realidad de este mundo (los humanos somos, por definición, falibles). Quizás ni siquiera ve al otro, porque está cegado por el deseo de llenar un vacío muy antiguo, y se hace la ilusión, una y otra vez, de que esta vez sí llegará lo que siempre ha anhelado.

El que construye muros ve a todo el mundo malo; el que va abriendo su corazón a todo el mundo ve a todas las personas maravillosas, y los dos se resisten a cambiar su predicción, pese a que los demás traten de darles pruebas de lo contrario. De lo que ambos carecen es de la capacidad de ver los matices, de ver a las personas completas, con sus claroscuros, con sus carencias, con sus complejidades. Su visión carece de realismo, pero es cierto, la realidad sí se compone, en parte, de eso en lo que están enfocados: los seres humanos podemos dañar y también podemos dar y ayudar. **Si buscamos pruebas que confirmen nuestra predicción, siempre las encontraremos.** El tema es ¿lo estamos viendo todo?

La confianza es imprescindible, pero la confianza ciega es un problema. Encontrar un equilibrio es un arte complejo, esencial para la vida cotidiana, para los negocios y, más aún, en las relaciones más íntimas. Que digamos que es importante sentir seguridad en las relaciones no quiere decir en modo alguno que no hagamos caso a los indicadores de peligro. Los seres humanos nos podemos hacer mucho daño, y este será mayor cuando la relación implica más cercanía o intimidad. Tanto la confianza como la desconfianza tienen sentido, sencillamente tienen que estar en su justa medida.

¿Y cómo sabemos cuál es esa medida? Pues ahí está la dificultad, debemos tantear y recalibrar constantemente, de modo distinto con cada persona, qué tan cerca la dejamos estar, cuánto debemos protegernos de ella, a qué nivel podemos relacionarnos, hasta qué punto podemos confiar y cuándo toca irse o dejar la relación a un nivel totalmente superficial.

¿Y entonces? ¿No tenemos referencias? Pues sí, las tenemos, pero no reglas fijas. Las reglas fijas nunca encajan bien con todas las situaciones. Por ejemplo, si nos decimos «No puedes confiar en nadie», habrá gente confiable, cuya compañía nos haría bien, a quienes no nos daremos la opción de conocer. O si pensamos: «Prefiero pensar que la gente es buena», nos encontraremos en relaciones dañinas sin haber tomado la más mínima precaución. El tema es que estas reglas fijas se formaron con base en algunas situaciones, a partir de las cuales establecimos predicciones, pero desde entonces nunca las actualizamos, solo las alimentamos. **A nuestras creencias favoritas les damos de comer solo los indicadores que parecen confirmarnos que son verdad,** y las mantenemos a dieta de cualquier información que pueda modificarlas. Esto es así porque nos aferramos a ellas, creemos de verdad que las necesitamos. Cuando algo no encaja con nuestros mapas, se genera en nuestro sistema nervioso una sensación incómoda, que nos indica que no podemos seguir en piloto automático. A algunas personas, esta sensación, en lugar de llevarlas a actualizar sus mapas, las lleva a reafirmarse en ellos (ignorando los datos disonantes) y caer en la convicción patológica. La solución para

este problema, como hemos dicho, es desarrollar nuestra capacidad de reflexión.

Por ejemplo, alguien que piensa que «No puedes confiar en nadie», cuando hable con una persona con otra visión de la gente, presentará todas las experiencias de daño que haya vivido. Si conoce a alguien que no le haya hecho ningún daño significativo, cuando prepare su argumento, no incluirá esa información. Al llevar siempre los escudos puestos, además, probablemente no habrá tenido muchas relaciones cercanas, que pudieran llegar a ser positivas e hicieran cambiar la frase a «No puedes confiar en *casi* nadie». Como la creencia es radical, la persona se plantea que la alternativa es bajar los escudos y caminar entre la gente a pecho descubierto, lo que lógicamente supone un riesgo importante. Y, para completar el espiral, al no atreverse a conectar de verdad con nadie, no se sabe manejar en las distancias cortas, por lo que bajar los escudos, aunque solo sea un poco, activa el miedo.

El que se dice «Prefiero pensar que la gente es buena» hace lo mismo, solo que tapa el otro tipo de información, la que nos avisa de que en las relaciones podemos salir heridos y que, cuanto más cerca esté el otro, mayor puede ser el daño. Cuando ve indicadores de intenciones egoístas o manipuladoras, busca siempre la interpretación positiva, mira al otro de la manera más benevolente. Cree firmemente que, si empieza a pensar que la gente puede ser dañina, no podrá relacionarse con nadie, y lo que le aterra es la soledad. Ver una conducta hostil o malintencionada hace, además, que tengamos que tomar medidas: enfrentarnos, poner límites, alejarnos... Todas ellas pueden activar el miedo al rechazo, al abandono, a que nos aparten del grupo. De modo que nos aferramos a nuestro espejismo de bondad universal, porque sentimos que es vital para nosotros.

SENTIRNOS VULNERABLES Y ESTAR PROTEGIDOS

Para poder sentirnos y mostrarnos vulnerables, debemos saber que nos podemos proteger y también que nos podemos recuperar. Esto implica curar bien nuestras viejas heridas, porque, cuando tenemos una herida abierta, el que alguien nos roce suavemente solo nos generará dolor.

Para protegernos adecuadamente, tenemos que estar **conectados con nuestra vulnerabilidad,** notar cuándo algo nos incomoda o nos hace daño, y entonces movernos hacia una solución. Esto implica estar conectados emocionalmente por dentro, y también percibir lo que el otro siente, diferenciándolo de lo que nosotros sentimos.

Desde ahí, debemos sentir que nuestras necesidades importan, que el daño hay que pararlo, aunque provenga de quienes queremos y nos quieren, y que incluso en la distancia corta estamos protegidos.

Relacionarnos desde la seguridad que da la confianza justa nos permite decir: «Si me hacen daño, me recuperaré, pero conectar vale la pena, la gente vale la pena, así que correré el riesgo». También asumiremos que a los demás puede no gustarles cómo funcionamos, que algunas relaciones se acaban y que incluso a quienes queremos a veces tendremos que reclamarles si se pasaron con nosotros.

LA SEGURIDAD SE ASIENTA EN LA REFLEXIÓN

A veces creemos que sentirnos seguros es mostrarnos seguros. O, al menos, tratamos de disimular nuestra inseguridad con convicción. Afirmamos rotundamente (más alto de lo necesario) lo que opinamos, para que los demás no nos hagan dudar o para ganar en una discusión. La convicción es siempre un problema, ya que nos aleja de un elemento central de la seguridad: la reflexión.

Claro, la reflexión puede avivar nuestra inseguridad, ¡hay tantas cosas que tener en cuenta!, pero si nos vamos moviendo por este territorio, nos familiarizaremos con él. Para mí, **la reflexión está muy cerca del pensamiento científico,** el de verdad, el que nunca afirma de modo tajante y nunca habla sin datos y sin explorar. No es nada fácil, pero es la única alternativa viable. Las personas seguras hablan «con conocimiento de causa» y no tienen problema en reconocer cuando no saben de un tema o cuando deben cambiar de opinión, precisamente porque se sienten seguras de sí mismas.

La reflexión tiene que ver con mirar hacia dentro, pero también con entender lo que nos rodea y, lo más difícil, entender a los demás y cómo funcionan las relaciones. No se trata de darles vueltas a las cosas, porque a veces lo que hacemos es girar en círculos alrededor siempre del mismo punto y del mismo modo. A este pensamiento circular lo llamamos **rumiación,** y no suele llevar a ningún sitio productivo, más bien intensifica el malestar.

Entendernos nosotros es un paso fundamental. Algunas personas que no se entienden a sí mismas dedican gran parte de su energía a dilucidar los estados emocionales de los demás, pero lo hacen sobre todo porque creen que deben protegerse de ellos o adaptarse a lo que los otros quieren. Podemos no preocuparnos de nuestras necesidades ni de darles respuesta y a la vez estar volcados en que los demás estén satisfechos, pero, de nuevo, aquí no hay reflexión. Cuidar a otros, a veces compulsivamente, puede ser un modo de sentir algo de control en las relaciones cuando no tenemos acceso a la seguridad. A la seguridad solo podemos llegar a través de una mirada realista hacia nuestro mundo interno y el mundo interno del otro. Entendemos que la mente del otro funciona diferente a la nuestra, y que es autónoma y se rige por sus propias opiniones, motivaciones y emociones. Como dijimos a lo largo del libro, la buena noticia es que este tipo de seguridad puede aprenderse.

REFLEXIONAR HACIA ADENTRO

Miremos hacia adentro y exploremos cómo funcionamos a través de un ejercicio.

1. Pensemos en un momento en el que nos hayamos enojado con alguien. Generalmente, cuando nos enojamos es porque algo nos duele o nos asusta: enojarnos es una respuesta de protección. Así que observemos muy atentamente ese momento y, sobre todo, pongamos la lupa en lo que pasó antes, justo antes de que nos enojáramos. Escojamos en el primer recuadro, el de las emociones negativas, la que describa mejor **cómo nos sentimos antes del enojo.**

EMOCIONES NEGATIVAS

Indeciso	Cínico	Culpable	Asustado	Cansado
Envidioso	Inseguro	Decepcionado	Herido	Aburrido
Vengativo	Desafiante	Insatisfecho	Avergonzado	Melancólico
Nervioso	Humillado	Débil	Estupefacto	Celoso
Furioso	Sin palabras	Deprimido	Disgustado	Solo
Arrogante	Ansioso	Agresivo	Bloqueado	Desesperanzado
Pesimista	Desconsolado	Despectivo	Impaciente	Pasivo
Hundido	Arrepentido	Desamparado	Resentido	Frustrado
Asqueado	Impotente	Sufriente	Obstinado	Negativo
Escéptico	Desconfiado	En *shock*	Triste	Infeliz

EMOCIONES POSITIVAS

Eufórico	Feliz	Confiado	Alegre	Curioso
Complacido	Triunfante	Atento	Sereno	Soñador
Tranquilo	Encantado	Amoroso	Adormilado	Enamorado
Esperanzado	Humilde	Receptivo	Comprensivo	Sorprendido
Bondadoso	Contento	Orgulloso	Sensible	Seguro
Reflexivo	Compasivo	Comprensivo	Con admiración	Amable
Con adoración	Calmado	Decidido	Concentrado	Emocionado
Interesado	Ilusionado	Inspirado	Agradecido	Tierno
Satisfecho	Paciente	Optimista	Pensativo	Empático
Aliviado	Determinado	Perdón	Firme	Fascinado

2. Cuando hayamos seleccionado una, veamos de nuevo si es posible que hubiera una emoción negativa incluso anterior. A veces, las emociones son como una cascada: una lleva a la otra, y al final sentimos una reacción más intensa, que es la que nos resulta más clara. Sin embargo, lo esencial es prestar atención a lo que pasó antes, *justo antes* de sentirnos como nos sentimos. Remontémonos lo más atrás posible.
3. Ya tenemos nuestra primera emoción, la que desencadenó toda la cadena de emociones negativas que vinieron después. Hagamos ahora otra reflexión, **¿qué experiencias anteriores conectan con esa emoción? ¿Cuándo fue la primera vez que recordamos haber sentido algo así?** La situación puede ser totalmente diferente, solo busquemos una sensación similar, que se parezca un poco.
4. Ahora pensemos en esa primera situación y en la situación actual que estamos analizando: ¿nuestra reacción fue proporcionada a la situación presente o tiene más que ver con la situación antigua? ¿Pueden haberse sumado o multiplicado ambas? Reflexionemos.

Nuestro cerebro siempre busca referencias de qué hicimos en el pasado en circunstancias parecidas para saber cómo proceder. Si ahora ocurre algo que nuestro cerebro relaciona con temas que aún nos molestan y están sin resolver del todo, nuestras reacciones actuales tomarán a veces una intensidad desproporcionada. Por ejemplo, después de haber vivido una infidelidad con una pareja anterior, con la actual quizás nos sintamos demasiado celosos, aun teniendo conciencia de que ahora no nos están dando motivos. Nuestro cerebro se sensibiliza y empieza, como veíamos, a etiquetar como amenazantes elementos neutros o incluso positivos. Entender estas conexiones, hacerlas conscientes, no las elimina, pero puede ayudarnos a adquirir perspectiva y a modular nuestra reacción.

Si, después de hacer el ejercicio propuesto, volvemos a la situación actual, a la primera emoción, la que desencadenó la avalancha emocional, será interesante preguntarse lo siguiente: **¿realmente nos beneficia el modo en el que nos sentimos al final?** Si es así, no tenemos que cambiar nada. Pero es posible que lo que nos hace sentir mal sea nuestra reacción o que terminemos con una mala sensación. En ese caso, **nos interesa cambiar nuestros automatismos.** Nuestro cerebro siempre trata de funcionar en nuestro beneficio, pero a veces los programas que utiliza están descatalogados. Se diseñaron a partir de experiencias previas, que quizás no tienen mucho que ver con nuestro momento vital y con la persona que somos ahora.

Si funcionamos sin reflexión, estos patrones automáticos serán los que marquen la pauta, y nos veremos en estados emocionales que no nos gustan, sin saber cómo llegamos a ellos.

Cuando esto ocurre es cuando debemos mirar en detalle, observar, conectar, entender y, a partir de ahí, introducir cambios.

Los cambios, eso sí, tienen que ser realistas. Por ejemplo, si la emoción inicial fue la vergüenza, decirnos «No tengo por qué sentirme así» seguramente no hará que desaparezca. Pero si vamos activando otras emociones (revisemos las emociones positivas de la p. 227) y las dejamos coexistir, la vergüenza puede irse diluyendo. Por ejemplo, pensar en cosas de las que nos sentimos orgullosos puede diluir un poco la vergüenza. Mirarnos con cierta ternura, y sin juzgarnos, la suaviza. Observarla con curiosidad, entender cuándo se activa, y con qué se conecta en nuestra historia la hace más pequeña. Al igual que cuando vamos encadenando emociones negativas el malestar crece, cuando vienen (o ayudamos a que vengan) estados emocionales positivos, puede ir disminuyendo. Muchas veces estos procesos son espontáneos e intuitivos, nos salen solos. Cuando no es así, podemos trabajar en ello, pero esto solo podremos hacerlo cuando observamos y reflexionamos sobre cómo nos sentimos.

¿CÓMO REFLEXIONAMOS EN LAS RELACIONES?

Anthony Bateman y Peter Fonagy han estudiado en profundidad qué es eso de la reflexión y desarrollaron un cuestionario para medirla del que vamos a tomar algunas frases. Leámoslas y veamos cuáles describen mejor nuestra manera de funcionar en este aspecto, encerrémoslas en un círculo y más adelante lo comentaremos.

Para reflexionar debemos ser capaces de hacer una serie de cosas que van en dificultad ascendente. Sin poder hacer lo más básico, lo siguiente no es viable. Estos serían los niveles, de menor a mayor complejidad:

Lo que la gente siente y piensa es un misterio para mí.	Cuando me enojo, digo cosas sin saber por qué y luego me arrepiento.	Siempre sé lo que siento.
Muchas veces las emociones fuertes no me dejan pensar.	Estoy atento a cómo lo que yo hago hace sentir a los demás.	Soy capaz de saber cómo se siente alguien con solo mirarlo a los ojos.
A veces puedo malinterpretar las reacciones de mis mejores amigos.	Suelo sentirme confundido respecto a cómo me siento.	Me genera curiosidad entender qué hay detrás de la conducta de los demás.
No se puede saber exactamente cómo se siente alguien sin preguntarle.	Mi intuición acerca de las personas suele acertar siempre.	Los demás pueden ver una situación de modo muy diferente según sus creencias y experiencias.
Algunas veces me veo haciendo cosas y no tengo ni idea de por qué las hice.	Me gusta pensar en las razones que hay detrás de mis actos.	Me cuesta entender el punto de vista de los que opinan muy diferente a mí.
En una discusión tengo en mente el punto de vista de la otra persona.	Cuando pienso algo malo de alguien, no falla, siempre acaba dándome la razón.	Creo que no existe un modo «correcto» de ver una situación.
Para mí los actos hablan más claro que las palabras.	Creo que la gente es demasiado complicada como para tratar de entenderla.	Sé exactamente lo que piensan mis amigos íntimos.

- **Mirar hacia dentro y darnos cuenta de lo que sentimos.** Es importante distinguir una emoción («Estoy enojado») de un pensamiento («Todo me sale mal») y de una posible motivación en el otro («Me quiere molestar»). Debemos identificar qué emoción o mezcla de emociones estamos sintiendo (ir más allá del «Me siento mal»). Por ejemplo, es importante que veamos si hay una mezcla de coraje y tristeza, o si nuestra ira se activó por un sentimiento más profundo de vergüenza.
- **Relacionar emociones, acciones y motivaciones.** Es decir, ser capaces de describir nuestro comportamiento en función de lo que hay detrás y también el de los demás. Por ejemplo: «Me enojé mucho con mi amigo, y *creo* que es porque me dolió que no tomara en cuenta mi opinión». O «Creo que él quería evitar enfrentarse, y yo le insistía en que lo hiciera, y quizás debo respetar más que los demás tomen sus propias decisiones, aunque piense que se equivocan».
- **Diferenciarnos.** Lo que pensamos y sentimos es algo subjetivo y distinto de la realidad. Pensar en algo no es lo mismo que hacerlo, la fantasía es una cosa y lo real es otra. También podemos pensar cosas de los otros, pero sabiendo que **no podemos realmente leer la mente de los demás:** es importante no tomar esto que pensamos por una verdad irrefutable. Por ejemplo: «En el trabajo me pareció que mi compañero estaba molesto conmigo, pero quizás había discutido con su mujer». También es importante diferenciarnos emocionalmente cuando tendemos a contagiarnos fácilmente de lo que el otro está sintiendo, recordándonos que esas emociones no son nuestras y ayudándonos a tomar distancia.
- **Integrar nuestras distintas percepciones y pensamientos.** A veces lo que sentimos por dentro **va evolucio-**

nando y podemos tener reacciones contradictorias, pero somos capaces de hacer un relato coherente de todo ello. Por ejemplo: «Al principio estaba muy nervioso, pero luego le fui entendiendo a las materias y algún compañero me echó una mano, así que empecé a sentirme más capaz. Aunque, cuando algo me sale mal, todavía me obsesiono un poco».

- **Visión no egocéntrica.** Se basa en entender que no todo lo que ocurre gira a nuestro alrededor y que no todo lo que hace la gente tiene que ver con nosotros. Puede que la razón de que alguien no nos mire no sea que nos ignora deliberadamente, pero también puede pasar que no nos haya visto o quizás esté tan bloqueado con sus propios problemas que se desconecta del mundo. ¿Somos capaces de pensar así en general? Por ejemplo, si alguien no responde inmediatamente a un mensaje nuestro y sin embargo sí contesta en un grupo en el que estamos ambos, podemos pensar que para contestarnos a nosotros prefiere tomarse más tiempo, o que está agobiado y los mensajes del grupo son más cómicos y lo ayudan en ese momento, o que va respondiendo aleatoriamente a unos y a otros, que con nosotros prefiere hablar en persona, o que mandamos millones de mensajes y necesita un descanso. No implica necesariamente que no le importemos a esa persona, ni que lo haga a propósito para ningunearnos. Además, las otras personas no están obligadas a responder cuándo y cómo lo necesitamos: esperar esto de las relaciones suele dificultar que funcionen.
- **Poder pensar sobre lo que pensamos, sentimos y hacemos, y ser capaz de influir sobre ello.** Esta sería la capacidad reflexiva más evolucionada. Poder hacer esto nos da seguridad porque no nos sentimos arrastrados por nues-

tras emociones o impulsos, ni actuamos en función de ellos sin darnos cuenta, acabando por sentirnos mal sin saber cómo. Además, podremos influir en muchas situaciones y en nuestro propio estado emocional de un modo mucho más efectivo. Por ejemplo, continuando con el caso anterior, esto consistiría en poder decir: «Tengo un problema con el WhatsApp, estoy todo el tiempo revisando si han visto mis mensajes o no y cuánto tardan en contestar. Necesito sentir que la gente está ahí para mí, sobre todo desde que tuve aquel problema con mis amigos en la universidad: me quedó una desconfianza excesiva. Es posible que con eso genere agobio en los demás, me imagino cómo sería que me lo hicieran a mí. Cuando note este impulso, voy a tratar de estar una hora sin mirar el teléfono, o quizás tenga que tomarme unas vacaciones del celular». La próxima vez que miremos el celular, nos quedaremos notando la sensación, reflexionaremos sobre ella, y nos frenaremos, buscando lo que nos hace bien, en lugar de lo que nos sale por impulso.

Si leíste mi libro *Lo bueno de tener un mal día,* es posible que algunos de los personajes que mencionamos a lo largo de este te resulten familiares. Hablemos un poco de ellos, pues nos sirven para ejemplificar la teoría que estamos tratando. En aquel libro, todos ellos pasaban un mal rato en el trabajo y recibían un reclamo injustificado de su jefe. En la misma situación de conflicto cada uno respondió de manera diferente. Comentábamos entonces cómo esto se relacionaba con la forma en que cada uno regulaba sus emociones, pero esto tiene mucho que ver también con la reflexión. En la siguiente tabla veremos qué elementos son indicativos de una capacidad reflexiva buena, mala o simplemente muy escasa:

	Buena capacidad reflexiva	Escasa o mala capacidad reflexiva
Mirarnos para adentro y darnos cuenta de lo que sentimos	**Lucía** se da cuenta de que está enojada y de la vergüenza que siente.	**Iván** solo mira para afuera, a los «culpables» de su malestar. **Bernardo** ni se da cuenta de que está mal.
Relacionar emociones, acciones y motivaciones	**Lucía** se da cuenta de que está triste por tener un trabajo poco gratificante y que eso aumenta su reacción.	**Marcial** no relaciona su malestar físico con el conflicto en el trabajo. Su análisis de la situación se basa en señales.
Diferenciarnos	**Lucía** se imagina respondiéndole delante de todo el mundo, pero no se siente culpable por ello, porque no lo ha hecho.	**Alma** no se plantea que lo que motiva la conducta del jefe pueda ser algo más que el error que ella haya cometido.
Integrar nuestras distintas percepciones y pensamiento	**Lucía** pudo contarle a su amiga Paula todo lo que pasó con bastante objetividad y también describir los distintos pensamientos y emociones que le fueron surgiendo.	**Pandora** habló con su madre muy angustiada contando todas las frases que le dijo su jefe, sin verlo con ninguna perspectiva y diciendo cosas bastante inconexas.
Visión no egocéntrica	**Lucía** se plantea que quizás la furia de su jefe no tenía que ver con ella ni con cómo estaba haciendo su trabajo y que quizás tenía algún problema personal que descargó allí con ellos.	**Iván** está convencido de que su jefe la trae contra él y que se pone así con él porque está empeñado en hacerle la vida imposible. En cuanto el otro se molesta, él se enoja automáticamente.
Poder pensar sobre lo que pensamos, sentimos y hacemos, y ser capaz de influir sobre ello	**Lucía** piensa en cómo se siente y reflexiona sobre lo que va pensando acerca de la situación. Nota el impulso de hacer cosas, lo entiende, pero no se deja arrastrar por él.	**Bernardo** directamente no piensa en nada de lo que le pasa por dentro. **Pandora** sí lo percibe, pero siente que no puede hacer nada con ello. **Iván** está tan enfocado en lo que hacen los demás que lo suyo no lo toma en cuenta.

APRENDER A REFLEXIONAR EN LAS RELACIONES

Antes de profundizar en el tema de la capacidad reflexiva, practiquemos. Tomemos un tema que nos moleste un poco, por ejemplo, una situación en el trabajo o una dificultad con un amigo. Tratemos de definir el punto que nos resulta más incómodo, que nos genere más dudas. Para este ejercicio, darnos tiempo es importante, de modo que tomemos un cronómetro y no nos permitamos responder a ninguno de los puntos sin dedicarles al menos unos minutos.

1. **Detengamos todas nuestras conclusiones previas.** Para ello, es importante tomar conciencia de cuáles son. ¿Tenemos una opinión formada? ¿Cuál es? Una vez identificada, dejémosla a un lado. Pensar reflexivamente es pensar sin tener la respuesta, como si estuviéramos empezando de cero.
2. **Tomemos distancia.** Imaginemos que estamos viendo una película, en la que no participamos, en la que no nos jugamos nada. Podemos ayudarnos cambiando un poco los personajes y haciéndonos a la idea de que es la historia de otro.
3. **Nada de etiquetas.** No tratemos de encasillar la trama en un cliché, es decir, nada de «Esta es la típica historia de...». No decidamos quién es el «bueno» y quién el «malo» en esta historia.
4. **Veámoslo desde distintos ángulos.** Tomemos una escena y un personaje y desmenucémoslos. Planteémonos cinco explicaciones diferentes para su comporta-

miento, cinco historias detrás de la historia. No tomemos partido por ninguna.

5. **Ampliemos el marco.** ¿Cómo se entendería esta escena en distintas culturas? ¿En distintos grupos sociales?
6. **Adquiramos perspectiva temporal.** ¿Cómo habríamos visto esta situación diez o veinte años antes? ¿Y dentro de un par de décadas?
7. **Escuchemos.** Preguntemos a otras personas qué pensarían, qué sentirían y qué harían en una situación así. Escuchemos *de verdad*, sin cuestionar lo que nos dicen y sin tratar de llevarlos a nuestra forma de pensar. Tratemos de entender su punto de vista, verlo desde su lado. Planteémonos únicamente en qué podemos coincidir, al menos en parte, con esta persona. Sería particularmente importante escuchar a personas con las que tenemos muy poco en común.
8. **Entremos en la historia.** Imaginémonos siendo cada uno de los personajes. Cuanto más distinto a nosotros, cuanto peor nos caiga, más interesante es entender la cabeza de la otra persona. No, entender no es justificar, solo estamos ampliando nuestra perspectiva.
9. **Separemos los hechos de las opiniones, las intenciones y los sentimientos.** Describamos la secuencia de acontecimientos que se produjeron. Para poder hacerlo, debemos bajar a los hechos. Describamos solo qué pasó, quién habló y qué palabras usó, en qué tono, cuál era la expresión de su cara, cómo respondió el otro. Describamos los actos de cada participante.

10. **Extraigamos los hechos fundamentales.** Ver los matices es importante, pero llegar a alguna conclusión también lo es. Si bien la convicción es un problema, el relativismo absoluto puede dificultarnos avanzar. Después de analizar la situación, ¿cómo resumiríamos lo esencial? Tratemos de hacerlo en una o dos frases como máximo.

Y ahora, veamos: ¿llegamos exactamente a la misma conclusión que antes de hacer este recorrido? De ser así, seamos sinceros, ¿de verdad tratamos de ver las cosas desde otro punto de vista o lo hacemos con desgano, con el «no» por delante? Por el contrario, ¿matizamos o cambiamos un poco nuestra visión del asunto? Entonces nuestra mente se ejercitó y está más preparada para evolucionar. ¿Cambiamos completamente nuestro punto de vista? No, esto no es ser voluble, es tener la capacidad de rectificar.

Decíamos antes que reflexionar nos hace más seguros, porque nuestra capacidad para entender las situaciones es mucho mayor. Con etiquetas y clichés, con recetas y con creencias inamovibles, funcionaremos de un modo extremadamente rígido. **Las complejidades de las relaciones humanas requieren, por el contrario, flexibilidad.** Esto no significa que no tengamos criterio, sino que nuestro criterio evoluciona porque está fundamentado en los datos que nos van llegando y las nuevas reflexiones que hacemos a partir de ellos. Desde aquí podemos mantenernos igualmente firmes ante situaciones que no nos gustan, pero seremos mucho más eficaces al manejarlas. Sentiremos que nos podemos mover por el mundo, incluso en las distancias cortas, porque nuestro programa de navegación se actualizará conforme vayamos pensando de un modo reflexivo sobre nuevas situaciones.

Veamos cómo anda nuestra capacidad reflexiva

Volviendo a la tabla que veíamos antes, en la que había muchas frases sobre cómo reflexionamos para ver con cuáles nos identificamos, veamos qué significan nuestras respuestas:

Estamos demasiado confundidos

- «Lo que la gente siente y piensa es un misterio para mí».
- «Suelo sentirme confundido respecto a cómo me siento».
- «Cuando me enojo, digo cosas sin saber por qué y luego me arrepiento».
- «Algunas veces me veo haciendo cosas y no tengo idea de por qué las hice».
- «Muchas veces las emociones fuertes no me dejan pensar».
- «Creo que la gente es demasiado complicada como para tratar de entenderla».

Nos cuesta identificar lo que sentimos, no sabemos de dónde salen nuestros impulsos de hacer o decir cosas, funcionamos de modo demasiado emocional y nos cuesta pensar, sobre todo cuando estamos muy nerviosos o abrumados por nuestros sentimientos. Aquí comprender a las personas nos puede resultar demasiado complejo y quizás ni siquiera lo intentemos.

Si este es el caso, pararnos a identificar emociones en distintas situaciones, tanto en nosotros como en los demás, nos puede resultar interesante. Hace unos capítulos, hicimos un ejercicio buscando las emociones debajo del enojo y sus conexiones. También podemos, en la misma línea, usar materiales que nos ayuden con ello.[4]

Nos sentimos demasiado seguros

- «Siempre sé lo que siento».
- «Mi intuición acerca de las personas suele acertar siempre».
- «Sé exactamente lo que piensan mis amigos íntimos».
- «Soy capaz de saber cómo se siente alguien con solo mirarlo a los ojos».
- «Cuando pienso algo malo de alguien, no falla, siempre acaba dándome la razón».
- «Me cuesta entender el punto de vista de los que opinan muy diferente a mí».

Estas frases no nos hacen más perceptivos ni intuitivos: muy probablemente nos estemos engañando, pero estamos tan convencidos que no nos planteamos cambiar. Actuamos en relación a nuestra falsa telepatía, atribuyéndoles a los demás motivaciones que no tienen, pero solo nos fijaremos en las veces que acer-

4. En mi página web pueden descargarse gratuitamente unas tarjetas para ayudarnos con esto (https://anabelgonzalez.es/wp-content/uploads/2021/02/Tarjetas-estados-emocionales-web.pdf).

temos, que alguna habrá. En muchos casos, ni siquiera comprobaremos si nuestra capacidad adivinatoria funciona, con lo que nuestras creencias seguirán intactas. Si llevamos mucho tiempo definiéndonos de esta manera, esto puede formar parte de nuestra identidad y quizás nos sea difícil dejarla evolucionar. Podemos aferrarnos a nuestras creencias porque la información que no encaja nos genera una fuerte disonancia y la descartamos. Por ejemplo, el otro puede negar que lo que le decimos sobre sus sentimientos sea así, y nosotros quedarnos pensando: «Está muy claro cómo son las cosas, se engaña a sí mismo». Pero, aunque nos cueste, nos interesa cambiar esto, porque supone una distorsión muy grande en nuestra capacidad para conectar en profundidad con los demás y de establecer relaciones gratificantes.

Entiendo mis reacciones y las de los demás

- «Estoy atento a cómo lo que yo hago hace sentir a los demás».
- «Los demás pueden ver una situación de modo muy diferente según sus creencias y experiencias».
- «A veces puedo malinterpretar las reacciones de mis mejores amigos».
- «Me genera curiosidad entender qué hay detrás de la conducta de los demás».
- «No se puede saber exactamente cómo se siente alguien sin preguntarle».
- «Me gusta pensar en las razones que hay detrás de mis actos».
- «En una discusión tengo en mente el punto de vista de la otra persona».

- «Creo que no existe un modo "correcto" de ver una situación».
- «Para mí los actos dicen más que las palabras».

Esta sería la forma más sana de funcionar en las relaciones, estando abiertos a cambiar nuestras creencias, sintiendo curiosidad por explorar nuestra mente y la mente del otro, sabiendo que las cosas son complejas, pero aun así estableciendo opiniones e interpretaciones sobre ellas. Al dejar entrar nueva información, iremos actualizando nuestra perspectiva, perfeccionándola y viendo los matices, por lo que cada vez seremos más eficientes en esto de relacionarnos.

HAGÁMONOS MÁS REFLEXIVOS

Daniel Brown y David Elliott, cuyo libro ya comentamos,[5] resumen distintas teorías que nos pueden ayudar a comprender cómo reflexionar en las relaciones con los demás. Como venimos viendo, es fundamental poder entender nuestras emociones y procesos mentales, pero también lo es poder tener una visión realista de lo que el otro puede pensar y sentir, y de los motivos para sus actuaciones. Tanto si damos por sentado lo que el otro piensa como si vamos totalmente a ciegas podemos cometer errores.

Para relacionarnos con los demás de una manera sana y productiva es necesario tener en cuenta algunos elementos.

5. Daniel Brown y David Elliott, *Attachment Disturbances in Adults,* Nueva York, W. W. Norton & Co., 2016.

No tenemos telepatía

La mente del otro no es transparente. Si nos decimos: «Yo sé perfectamente lo que piensa la gente», «Tengo mucha intuición, siempre veo venir a las personas», es muy probable que estemos proyectando cosas nuestras en los demás o saltando demasiado rápido a conclusiones. Recordemos, nuestra mente puede haberse vuelto hipersensible y detectar como peligrosos elementos que no lo son, desde el «Piensa mal y acertarás». El problema, como ya vimos, es que, sí, a veces acertaremos y, si estamos muy aferrados a nuestras ideas, tomaremos esas veces que confirman nuestra teoría como prueba de que son irrefutables. Probablemente las veces que no sea así nos pasen desapercibidas, o las descalificaremos («Sí, mi vecina me ayudó, pero otros días no lo hizo»), para que no nos desmonten nuestra hipótesis.

En la otra dirección también es cierto, los otros tampoco tienen telepatía. A veces creemos que sí, por ejemplo, llamamos a alguien y nos molestamos porque no nos contestara el teléfono siendo una cosa urgente. Pero claro, el otro no tenía ni idea de nuestra urgencia. Los demás no saben en tiempo real lo que estamos pensando ni lo que estamos sintiendo, aunque nos conozcan desde hace tiempo. Por ejemplo, estamos esperando que «intuyan» lo que nos pasa, pero no decimos palabra ni explicamos nuestro malestar, solo nos vamos angustiando. Que el otro no adivine no significa falta de afecto o interés, aunque en ocasiones se interpreta como tal. Tampoco pasaron por las mismas experiencias que nosotros y pueden no imaginar fácilmente cómo fue, lo cual tampoco es un delito ni refleja que todo eso les dé igual. Si necesitamos que los demás nos entiendan mejor (todos necesitamos esto), es importante que se lo pongamos fácil, sin poner a prueba sus dotes adivinatorias.

Los demás no son transparentes

Y no, esto no es malo. Tenemos derecho a mostrar lo que queramos de nuestros sentimientos y reservarnos una parte para nosotros. Los demás pueden fingir, por diversos motivos, lo mismo que nosotros. Algunas personas dan un valor desproporcionado a la sinceridad («No soporto las mentiras») y se sienten muy orgullosas de decir siempre lo que piensan, les guste a los demás o no. Por supuesto, tienen todo el derecho a funcionar así, siempre que sus verdades no resulten dañinas o desconsideradas, pero es importante tomar en cuenta que esto es un problema en las relaciones. Calcular qué decir y qué no, cómo decirlo, pensar en cómo lo tomará el otro, escoger el momento, el modo... Es importante tener esta sutileza y este matiz para hilar más fino en la interacción con los demás. Y también es bueno tener en cuenta que cada persona con la que nos relacionemos puede situarse distinto en esta área.

Lo cierto es que no es fácil saber cómo se siente el otro, pero esto no supone que no podamos implicarnos en las relaciones, sino que **tenemos que darles un valor particular a los hechos.** Alguien puede decirnos que nos quiere, pero sus actos quizás digan algo muy diferente. Si tomamos todo ello en cuenta, haremos una valoración que no estará basada solo en lo que el otro dice o aparenta (ni en lo que nos gustaría creer), sino que tendrá en cuenta los datos que nos van llegando. A veces, basándonos en esos datos, va aumentando nuestra confianza y a veces va disminuyendo. Iremos quedándonos cerca de quienes nos hacen bien y alejándolos de quienes no nos nutren emocionalmente. Para confiar no es necesario creer que todo el mundo es confiable, solo debemos creer que todos pueden serlo, mientras no se demuestre lo contrario y, entonces, actuar en consecuencia y de forma proporcionada.

No, no tenemos un sexto sentido

Si hemos vivido muchas situaciones negativas, sobre todo cuando estas ocurrieron en nuestra infancia o en relaciones muy significativas, podemos tener una lupa obcecada en detectar peligros o agravios, pero esto no es un superpoder, como explicamos a lo largo del libro. Aunque es algo que nuestro cerebro ha desarrollado para ayudarnos, reconozcámoslo: se nos fue de las manos. **Tenemos que recalibrar nuestra lupa** o acabará teniendo consecuencias negativas en nuestra capacidad de relacionarnos y de vivir una vida satisfactoria. Ni siquiera nos protege bien.

Es cierto que pasar por determinadas experiencias puede darnos una mayor sensibilidad y más capacidad de ponernos en el lugar de gente con vivencias similares. En mi experiencia, las personas que vivieron situaciones difíciles tienen una especie de radar para detectar a quién le pueden contar y a quién no esas situaciones. También pueden percibir cuando alguien pasó cosas similares y ser más receptivos..., a veces. Todo esto es saludable, pero si se vuelve hipersensibilidad, en particular si está sesgada hacia algunos elementos específicos, deja de jugar a nuestro favor. Esa capacidad perceptiva puede hacernos ver más de lo que hay y no pocas veces puede llevarnos a malinterpretar. Cualquier predicción que hagamos en las relaciones debe irse contrastando con la realidad de los hechos concretos. Si saltamos a conclusiones pasando por encima de los datos, nuestras decisiones no tendrán base y el riesgo de equivocarnos será mayor.

Las historias de buenos y malos son solo para las películas del Oeste

Una cosa es identificar que algo nos hace daño y otra describir al otro solo con adjetivos peyorativos, como «Es un egoísta», «Es un manipulador» o «Es malo». Las etiquetas, sobre todo cuando tienen términos radicales y absolutos, nos hacen ciegos a los matices, y sin esos matices nuestra capacidad para hilar fino en las relaciones, para captar las sutilezas y poner en marcha respuestas proporcionadas, será muy baja. No veremos los colores, solo percibiremos a la gente en blanco y negro. Ante la falta de referencias, estaremos llenos de convicciones y funcionaremos de forma mecánica, solo sabremos aplicar recetas. Nos preguntaremos: «¿Qué se hace cuando una persona hace X?». Sin embargo, esas recetas no nos sirven, porque hay muchas razones distintas por las que alguien puede hacer X. De modo que intentemos salir de las interpretaciones polarizadas y extremas.

Pensemos por un momento en una persona que nos trató mal o que nos cae mal. Escribamos en un papel una descripción sobre esta persona. ¿Podemos describirla sin adjetivos peyorativos? Intentemos buscar diez adjetivos distintos y veamos en qué proporción encajan (no nos permitamos nunca poner un 100 %). Hacer esto no equivale a quitar importancia al daño que esa persona pueda habernos hecho, pero en nada nos ayuda tener visiones simplistas de la gente, y menos aún de aquellos con los que nos sentimos mal.

Cuando descalificamos por completo a alguien que nos hirió, en el fondo tratamos de evitar nuestro propio dolor. Si hablamos de esa persona diciendo que es «un impresentable», «un monstruo» o «una tarada», la colocamos en una categoría de seres infrahumanos, alguien con quien no tenemos un vínculo afectivo. Sentir que alguien es importante para nosotros a nivel emocional hace que el daño que viene de esa persona duela muchísimo más. Así que, si lo descalificamos, es como si no nos doliera tanto. Pero no funciona muy bien, es solo un «como si». Debajo de nuestro enojo aún hay otras emociones que nos conviene ventilar. Entender el funcionamiento del otro nos puede ayudar a evitar futuros daños de personas similares. Nos conviene mucho ver los matices.

Un mismo comportamiento puede tener detrás distintas emociones y motivaciones

Por ejemplo, un niño puede estar irritable y ponerse terco porque quiere conseguir algo, porque está triste por cosas que le agobian de la escuela o porque está enfermando de gripe. Externamente, es probable que no notemos la diferencia, y es importante que dediquemos tiempo a explorar qué está pasando, sin ir demasiado rápido a la conclusión de: «Me está tomando el pelo». Esta exploración puede no ser viable hasta que al niño no se le pase el arrebato y esté un poco más calmado y receptivo a hablar, y durante ese periodo, debemos dejar el tema en «pendientes», sabiendo que aclarar las situaciones relacionales a veces lleva tiempo.

Para ensayar esto, tratemos como siempre de ir a una situación concreta en la que alguien tenga una reacción en la que estemos muy seguros de entender los motivos que hay detrás. Ahora, planteémonos cuatro opciones más. ¿Qué otros motivos podría tener esa persona para comportarse así? Pensemos motivos que tengan relación directa con nosotros y motivos en los que no tengamos nada que ver. Desarrollemos un poco la historia. Por ejemplo, un compañero de trabajo puede hablar con nosotros menos de lo habitual porque se haya molestado por algo que hicimos. O quizás tenga a alguien enfermo en su familia y esté pasando por un mal momento. O puede que su logopeda le haya aconsejado hablar menos. O quizás habla más con otro compañero porque se está sintiendo atraído a nivel romántico por él o por ella y presta menos atención a los demás. La lista podría ser interminable, pero busquemos al menos cinco, que sean diversas; imaginemos con detalle los cinco escenarios. Una vez que tengamos las cinco posibilidades, nos podremos ir fijando en los detalles que están más a favor de unas u otras, podremos buscar más información e ir entendiendo mejor. Si fuéramos directos a la primera y la diéramos por cierta, nuestra comprensión sería más limitada y sería más probable errar.

A veces hay emociones debajo de las emociones, pensamientos debajo de los pensamientos

Una persona puede estar enojada para no sentirse triste, o mostrarse muy segura y tajante para «neutralizar» su inseguridad.

Debajo de la tristeza a veces hay mucha ira contenida. Detrás de la prepotencia puede haber una intensa vergüenza, y alguien que siempre le echa la culpa a los demás quizás, en el fondo, siente una culpa que no quiere o no puede enfrentar. Si solo vemos la emoción o los comentarios más evidentes y los tomamos como los únicos, nuestra respuesta estará dirigida a la cáscara y no al núcleo, y será por tanto menos efectiva.

Esto también es importante que lo veamos en nosotros. Unos capítulos más atrás planteábamos un ejercicio de identificar matices en nuestras emociones. Retomemos esas imágenes y pensemos en algo que nos genera una emoción muy clara, da igual si es coraje, tristeza, miedo... Imaginemos esa situación con detalle, un momento concreto, notemos las sensaciones del cuerpo y, pausadamente, recorramos las distintas emociones: ¿hay algo más? Lo habitual es tener sensaciones mezcladas, un poco de esto y de lo otro, y esto es así aunque haya una que predomine.

Una situación puede verse desde distintas perspectivas, todas en cierto modo válidas

Es bien conocida la metáfora de los sabios y el elefante. Cuatro sabios ciegos analizaron a un elefante. Uno decía, tocando la trompa: «Es un objeto cilíndrico, largo y móvil». Otro afirmaba, tocando la oreja: «Es una lámina grande». Otro insistía, tocando el lomo: «Están equivocados, es una superficie enorme y rugosa». El cuarto, agarrando una pata, aseguraba: «Es una columna». Muchas discusiones tienen que ver con que cada «contrincante» se enfoca en una parte de la historia.

Ver el punto de vista del otro no implica que tengamos que estar de acuerdo con su perspectiva. Incluso si tenemos que afrontar una discusión o pelear una negociación complicada, entender desde qué punto de vista está enfocando el otro la historia nos puede dar pistas sobre cómo manejar el problema y qué estrategia puede ser más efectiva. Ponernos en el lugar de otro, sobre todo si nos cae mal o nos causó problemas, puede resultarnos particularmente difícil, pero nos interesa desarrollar esta capacidad. Si nos cuesta mucho, leer una novela o ver una serie en el que un personaje tiene características similares, y tratar de ver el mundo con sus ojos, puede ser un ejercicio interesante.

Nosotros tenemos siempre algo que ver en el asunto

Esto puede no resultarnos obvio, porque quizás tendamos a quedarnos con la parte en la que nos sentimos afectados u ofendidos y con lo que el otro hizo para que nos sintamos así, pero, en cualquier interacción con otra persona, nosotros estamos influyendo también. Es importante analizar una conversación pensando qué dijo el otro, pero también qué fue lo que dijimos nosotros. No pocas veces hacemos trampa. Por ejemplo, pensamos: «Me dijo, sin más, que me fuera al demonio», sin darnos cuenta de que antes hubo diez minutos de conversación subida de tono y que, en medio de todo eso, nosotros le habíamos hecho una serie de reproches a esa persona. Claro, lo nuestro no lo entendemos como un reproche, porque lo vemos totalmente justificado, es más, lo definimos como «decir verdades muy evidentes». Omitimos además detalles importantes, como el tono o la expresión de nuestra cara cuando lo dijimos. Recordamos muy bien las palabras que nos hirieron, pero no las que dijimos nosotros (cuando las recordamos, solemos «maquillarlas» a nuestro favor). Nuestro estado emocional puede además influir mucho en cómo el otro nos percibe.

A veces nos cuesta ver nuestra contribución a los problemas relacionales, porque pensar en ello nos genera culpa o vergüenza, y nuestra preocupación central es demostrarnos a nosotros mismos y a los demás que no hicimos nada malo. Pero si quitamos las etiquetas de «bueno» y «malo» y simplemente describimos lo que pasó, empezando desde el principio, podremos plantearnos una pregunta importante: ¿hay algo que yo podría hacer diferente en situaciones así? Gracias a esta pregunta, cada vez iremos adquiriendo una mayor habilidad en el manejo de situaciones similares. Si no nos hacemos preguntas, nuestra respuesta será la misma y las posibilidades de acabar en el mismo sitio serán más altas. Cambiar la conducta del otro equivale a desgañitarnos por la carretera diciendo lo mal que conducen los que circulan en ese momento. Por mucho que nos enojemos, el único volante que tenemos entre las manos es el nuestro, y centrarnos más en si adelantamos o no, si nos paramos a tomar un café para perder de vista a un conductor un poco kamikaze o si nos ponemos música y nos olvidamos de los otros coches, puede ser una inversión más rentable de nuestra energía.

El otro también puede tener sus propias distorsiones

No somos los únicos que tenemos lupa. Los demás también han tenido vidas, relaciones y dificultades que configuraron el modo en el que nos perciben. Por ejemplo, podemos pensar que ser sinceros es esencial, porque personas importantes de nuestra vida nos han mentido, pero hay determinadas «verdades» que el otro puede interpretar como críticas hostiles, porque quizás en su historia hubo personas muy severas que lo cuestionaron duramente. Podemos dispararnos el uno al otro por cosas que no tienen que ver con ninguno de los dos.

Pensemos en una persona que tiene comportamientos que no entendemos, por ejemplo, que nunca quiere hablar cuando hay problemas. Imaginemos qué tipo de historias, qué tipo de relaciones, qué tipo de infancias pueden llevar a que alguien evite a toda costa los problemas. ¿Quizás ha vivido demasiados? ¿Puede que lo hayan educado personas muy inseguras y que todo se le haga muy difícil? Imaginemos una novela que tenga como último capítulo esta situación que estamos analizando. No importa que sea cierta, es solo un ejercicio mental.

Cambiar de opinión es saludable

El pensamiento reflexivo es dinámico, está siempre en movimiento y, según incorporamos nueva información, nuestras opiniones pueden evolucionar. Es bueno estar dispuestos a cuestionarnos lo que pensamos, a ampliar o modificar nuestra perspectiva. Esto no es incompatible con hacernos una composición de lugar y tener opiniones, simplemente significa que estas son flexibles y abiertas. Podemos, de hecho, actualizarlas en tiempo real mientras nos planteamos nuevas preguntas o nos damos cuenta de cosas.

A veces nos aferramos a nuestras ideas y creemos que cambiarlas es traicionar nuestra esencia. En ocasiones estas ideas no son nuestras, sino que vienen heredadas de generaciones anteriores y son creencias familiares que nunca nos cuestionamos. Rompernos los esquemas es un ejercicio de lo más saludable, y es importante estar abiertos a ello. Escuchar las opiniones de los demás y querer comprender su punto de vista ayuda mucho. A veces, solo escuchamos para vencer en el debate y, cuando los demás hablan, ya tenemos la respuesta preparada. En realidad, estamos dejando hablar al otro, pero no estamos escuchando *de verdad*. Hacerlo puede enriquecer mucho nuestra visión del mundo.

Nuestra perspectiva crece con nosotros

Conforme vamos cambiando de etapa, vemos el mundo a la luz de nuestra experiencia acumulada. Estos cambios no implican renegar de nuestras ideas de jóvenes ni negar etapas, sino que son una evolución lógica. Cuando miramos nuestra experiencia de niños, somos conscientes de que la vimos desde una mirada infantil y que la pensamos como piensan los niños las cosas. El niño es por naturaleza egocéntrico: si pasa algo a su alrededor, asimila que tiene que ver con él; por ejemplo, si sus padres discuten, fácilmente sentirá que es por su culpa. Sin embargo, al hacernos mayores y mirar atrás, vemos claro que ningún niño es culpable de la mala relación de sus padres, entendemos lo que sentimos entonces, pero lo vemos desde una perspectiva adulta. Cuando analizamos la relación con nuestros padres, entendemos su influencia en nosotros, y también cómo nuestra forma de reaccionar se vivía desde el lado de ellos.

A veces, queremos «borrar» algunas etapas, porque en ellas tuvimos actitudes o ideas que ahora nos pueden avergonzar o que nos resultan poco aceptables. Sin embargo, igual que es importante comprender a los demás, es esencial también entendernos a nosotros mismos. Cada época que hemos vivido nos trajo hasta aquí y, sin esos momentos, no seríamos realmente nosotros. Tener una visión completa de quienes somos implica integrar también quienes hemos sido.

Como vemos, estar demasiado convencidos de que sabemos lo que los demás piensan y sienten y de por qué hacen las cosas no tiene nada que ver con la reflexión. Estar totalmente perdidos y no entender nada de por qué la gente hace lo que hace también es un problema. Lo que nos ayuda es la curiosidad, estar abiertos a reformular nuestras conclusiones y entender nuestras percepciones como algo en constante proceso de cambio. No se trata de cambiar de opinión automáticamente en cuanto nos dan otra versión: la tenemos en cuenta, pero analizamos los hechos, las conductas observables, y sacamos nuestras propias conclusiones. El tema es no aferrarnos a ellas.

EN RESUMEN, PARA REFLEXIONAR Y RELACIONARNOS MEJOR

1. Cuestionemos nuestros poderes telepáticos.
2. No esperemos que los demás sean transparentes ni tratemos de serlo.
3. Pongamos la lupa donde sabemos que nos interesa, sin confiar en nuestros automatismos.

4. No pongamos etiquetas a la gente, observemos los matices.
5. Pensemos siempre varias posibilidades para el comportamiento de los demás.
6. Planteémonos que la emoción que el otro expresa puede no ser la única ni la más importante.
7. Tratemos de ver las cosas desde la perspectiva del otro.
8. Planteémonos en qué medida lo que nosotros hacemos influyó en la situación.
9. Pensemos que el otro también puede tener sus propias distorsiones.
10. Permitámonos cambiar de opinión.
11. Permitámonos cambiar nuestra perspectiva conforme crecemos o evolucionamos.

PARTE 8

VOLVERNOS EXPLORADORES

MIEDO A EXPLORAR Y A EQUIVOCARNOS

Si el miedo nos ha acompañado durante mucho tiempo o nos visita con frecuencia, si crecimos en la inseguridad y esta sigue dentro de nosotros, **cambiar es posible, pero implica movernos por territorios inexplorados.** La capacidad de exploración, como veíamos, está presente en el apego seguro, pero a la vez la necesitamos para adquirir seguridad. Cuando empezamos a dar nuestros primeros pasos, ninguno lo hicimos con una gran confianza en nosotros mismos, más bien iríamos temblorosos y vacilantes, dispuestos a caernos y levantarnos, y atreviéndonos cada vez a más aventuras, hasta que sostenernos sobre nuestros pies se volvió algo natural. Los niños que tienen miedo a caerse tardan más tiempo, pero finalmente también lo consiguen. Lo importante es que tengamos claro que queremos echarnos a caminar por la ruta que lleva a la seguridad y también que estemos por la labor de cometer muchos errores en el camino.

Decía en mi libro *No soy yo* que el que más se equivoca gana. Los experimentos científicos, que han generado grandes avances, fallan más veces de las que aciertan. Es decir, la ciencia se nutre más de los errores. El aprendizaje se consigue en gran medida por lo que se llama *ensayo y error.* Si pensamos en un niño pequeño intentando agarrarle el modo a eso de poner un bloque encima de otro para hacer una torre, el proceso es más bien: error-error-error-error-¡acierto!, y vuelta a empezar. De hecho, el niño intuitivamente sabe bien cómo funcionan las cosas, y por eso, en cuanto consigue construir la torre, lo primero que hace es manotear para tirarlo todo al suelo y se ríe encantado mientras su padre lo recoge todo. Está contento porque va a poder volver a equivocarse, porque gracias a cada ocasión en la que no atina a encajar la pieza, el circuito del cerebro que regula el movimiento se va perfeccionando.

Por diversas razones, sin embargo, **dejamos de tenerles cariño a nuestros errores.** A veces hay circunstancias externas que refuerzan negativamente el error, por ejemplo, cuando los demás nos muestran desaprobación o rechazo cuando los cometemos. O también puede pasar que nadie haga fiestas ante nuestros logros o no les den mérito: «Es lo que tienes que hacer» o «Podías haberlo hecho mejor». Podemos así tenerle miedo a equivocarnos, o que el esfuerzo por conseguir un logro no nos resulte motivador porque, aunque nos salga bien, nunca nos parecerá que esté «suficientemente bien». También es importante tener en cuenta que, aunque la tasa de errores por cada acierto debe ser superior cuando estamos en un proceso de aprendizaje, no puede ser extremadamente mayor. Si un niño se pone a realizar una tarea para la que todavía no está preparado, fallará demasiadas veces y se establecerá fácilmente la predicción de que va a fallar siempre. Entonces, cuando lo que estamos haciendo no nos salga bien de entrada, puede que nos rindamos en lugar de persistir en ello, para evitarnos la sensación de fracaso. Si no vamos a un examen, nos diremos, nadie nos reprobará.

La única salida a esta trampa es encariñarnos con nuestros errores, acostumbrarnos a ellos, incluso practicarlos intencionalmente. En lugar de evitar a toda costa que el inevitable error se produzca, abrazar nuestra condición de humanos y, por tanto, falibles. Y si algo que llevamos tiempo intentando nos sale solo a medias, debemos hacernos una fiesta y, como bien saben los niños, disfrutar tirando la torre de bloques para poder volver a ensayar y fallar. Lo sé, no es fácil, pero créeme, he visto a mucha gente hacer este proceso. Al final de ese camino hay una sensación de auténtica liberación.

Si acabamos de leer esto y nos horroriza lo de los errores, puede ser interesante para nosotros practicar. Practiquemos el «Ni un día sin un errorcito» y tratemos de equivocarnos a propósito, pequeñas cosas, casi cómicas, que les quiten peso a los errores: poner una coma fuera de sitio, un calcetín de distinto par, la camiseta interior al revés, llegar cinco minutos tarde, descolocar un milímetro un cuadro... Aunque nos cueste, cuanto más lo hagamos, más normal nos resultará. Algunos pensarán que ellos ya se equivocan mucho, pero esto que propongo solo sirve cuando nos equivocamos a propósito, con premeditación y alevosía. Pequeños errores innecesarios que pueden ser enormemente útiles. Luego podemos empezar a explorar cosas pequeñitas: ir al trabajo por otro camino, desayunar en otra taza, tomar el café en otra mesa... Somos animales de costumbres y esto es bueno, nuestras rutinas nos ayudan y nos sostienen, pero es importante que no nos esclavicen. Rompernos los esquemas nos hace menos frágiles ante los imprevistos y aumenta nuestra capacidad de improvisación.

El poder de la intuición

La indecisión, la duda patológica que acompaña a muchas personas, no deja de ser el miedo a explorar y a equivocarnos del que hablamos antes. Aquí el primer paso es comprender que hay que salir de la falacia de que, si lo pensamos lo suficiente, encontraremos la respuesta perfecta. Más bien es cuestión de adquirir o recuperar cierta confianza en nuestra **intuición.** Pero ¿qué es esto de la intuición? Podríamos decir que es la «sabiduría de estómago», las sensaciones que nos mandan nuestros órganos sobre lo que está pasando. Estas sensaciones son una guía fundamental para entender las relaciones humanas. Hay algunas cosas que debemos saber sobre ella.

La intuición es más rápida y acertada que el análisis racional

Según lo que veíamos antes, conseguir que el miedo no marque nuestras relaciones y, en general, nuestra vida, no consiste en buscar recetas (no existen y, si nos las dan, no tenemos que seguirlas) ni en funcionar a base de control, porque estas estrategias pueden fracasar fácilmente. El único camino para poder adaptarnos a los matices de otras personas y fluir en las relaciones con todos los cambios que llevan consigo es sintonizar con el otro. Y, para ello, necesitamos nuestra intuición.

Las personas nos producen una primera impresión basada en muchas sensaciones de las que no somos conscientes. Debemos reflexionar sobre ellas, pero muchas veces quienes se bloquean en las decisiones y tratan de evitar los errores se pasan en este proceso de deliberación demasiado tiempo. Ven tantos pros y tantos contras que cada vez tienen menos claro qué ruta tomar. En cualquier caso, todo tiene que ser en su justa medida, y ninguno de los dos extremos es muy aconsejable. La intuición no nos da certezas sobre la conducta de los demás, y confiarnos al cien por ciento de ella también puede tener sus problemas (recordemos, no tenemos telepatía).

La intuición tiene sesgos

Que confiemos en nuestra intuición no significa que nos guiemos únicamente por ella. Es importante tener en cuenta que las primeras impresiones sobre los demás pueden estar sesgadas por nuestro bagaje previo. Si en el pasado tuvimos algunas malas experiencias muy significativas en nuestra familia o con personas muy cercanas, en el presente, ante la duda, etiquetaremos al otro como «no confiable». Si crecimos con carencias emocionales que seguimos sintiendo como vacíos internos, podremos «preferir» pensar bien de todo el mundo ignorando las señales desfavorables que nos llegan de algunas personas. Sin obsesionarnos con ello —esto haría que perdiéramos espontaneidad— es importante la reflexión de si nuestra intuición suele acertar o no. Podemos ir afinándola con el tiempo, como si pusiéramos un cristal graduado que nos permita una visión más real del otro.

La intuición es flexible y está en construcción permanente

Si no dejamos entrar la información discordante, si no «actualizamos el programa intuitivo» con datos reales de cuándo acierta y cuándo falla, nuestras intuiciones pueden tener una deriva peligrosa y convertirse en certezas. Ya vimos que estar completamente seguros de algo es un grave problema, porque seremos inmunes a la realidad, impermeables al diálogo, y todo ello nos incapacitará para el cambio. La convicción es, en mi opinión, algo que está muy cerca de la patología. A las ideas que son irreductibles al razonamiento lógico las llamamos **delirios o ideas sobrevaloradas.** Es fundamental que estemos siempre dispuestos a que nos rompan los esquemas, a que la vida y la gente nos sorprendan, para bien o para mal; de hecho, creo firmemente que es muy sano disfrutar de ello. Ahí empezaremos a plantearnos la vida como descubrimiento y empezaremos a ser verdaderos exploradores.

La intuición puede cultivarse

La cuestión no es tanto si optamos por hacerle caso a lo que nos dicen las entrañas o a lo que nos dice la razón, sino que ambos aspectos trabajen juntos. Recuerdo que cuando me presenté al examen MIR para acceder a la especialidad de Psiquiatría, tuve que enfrentarme a casi doscientas preguntas tipo test sobre todo lo que había aprendido en la carrera, y cada pregunta podía suponer mucho. En los exámenes a veces tenemos creencias sobre si nuestra intuición acierta o no y en algunos experimentos se ha visto que no es demasiado realista. Por ejemplo, en un estudio realizado con alumnos universitarios, estos pensaban que, si dudaban entre dos respuestas, su primera intuición era la más acertada. Sin embargo, cuando esto se comprobó, se vio que no era así. ¿Por qué creían esto entonces? Posiblemente, cuando vieron alguna de las preguntas en las que habían fallado por cambiar su criterio, les dio tanto coraje que no cuantificaron en cuántas había pasado lo contrario. Yo recuerdo haber hecho mi propio «estudio científico» cuando me presenté a este examen: ¿con este tipo de preguntas, me compensaba arriesgarme a responder por pura intuición cuando dudaba entre dos? ¿Y si dudaba entre tres? Los datos me dijeron que solo me compensaba responder en la primera de las situaciones. Debemos hacer nuestros propios experimentos, pero para valorar los resultados es muy importante probar más de una vez y fijarnos en más de una cosa puntual. Cuanto mayor es nuestra experiencia en un área, más podemos empezar a fiarnos de nuestra intuición.

SALIR AL MUNDO

Cuando nos vamos entendiendo y regulando un poco mejor por dentro, podemos plantearnos explorar el mundo, movernos por él, ensayar cosas, conocer gente. Sin miedo, o con el miedo justo. Si sacamos la licencia de conducir, debemos practicar y tomar el coche en distintos tipos de carreteras para adquirir seguridad al volante. Lo mismo ocurre con todas las cosas de la vida: todo lo que se practica se aprende.

Lo desconocido nos invita a visitarlo y a recorrerlo, pero recordemos el experimento de la indefensión aprendida y el *shock* inescapable. Es posible que, si vivimos experiencias difíciles, no salgamos de nuestra jaula mental, aunque las condiciones hayan cambiado y la puerta esté abierta. Estas jaulas pudieron configurarse en experiencias previas, al igual que la sensación de que no hay nada que hacer. No hace falta que se trate de experiencias graves, puede tratarse de situaciones cotidianas, que tengamos etiquetadas incluso como muestras de protección o cariño. Por ejemplo, si crecimos con personas muy ansiosas y preocupadas, pueden habernos desalentado de ir a una excursión en la escuela o quedarnos a dormir en casa de un amigo. De modo explícito o sin decir nada, nos pueden haber transmitido: «¿Y si te pasa algo?», «Si te vas, me quedo preocupado/a», o nos quisieron prevenir ante tantas posibles complicaciones que se nos quitaron las ganas. Así, cuando nos hacemos mayores y ya decidimos nosotros, cualquier excursión, aunque sea de otro tipo, puede costarnos o generarnos ansiedad.

En muchas situaciones inhibimos nuestra curiosidad, algo fundamental para adquirir dominio sobre las cosas del mundo y también para manejarnos en las relaciones. La curiosidad nos hace leer libros como este, con el fin de entendernos mejor y de entender a los demás. Nos lleva a probar nuevas comidas en un restaurante, aunque sirvan nuestro platillo favorito, a visitar otras ciudades y países, a conocer gente, a interesarnos por sus vidas. Nos ayuda a cambiar de trabajo o a estudiar, a leer, a ver películas, a escuchar música. ¿Por qué anular este recurso? Cuando estamos estresados, generalmente es un lujo que no nos podemos permitir. **La exploración de lo nuevo supone una activación:** debemos estar pendientes, atentos, nuestros patrones automáticos no sirven. Lógicamente, si ya estamos demasiado activados, incluso vueltos locos, evitaremos instintivamente cualquier cosa que nos acelere más.

Cuando se analizan patrones de apego en los niños pequeños, se ve que esta capacidad para explorar tiene mucho que ver con la seguridad en el vínculo. Para analizar esto, Mary Ainsworth definió en 1969 una secuencia de situaciones en la que se observaba cómo el niño reaccionaba cuando la madre estaba presente, cuando esta salía de la habitación y el niño quedaba al cuidado de una persona que no conocía, y cuando la madre volvía. Los niños con apego evitativo (equivalente al distanciante en adultos) no ponen tanto la atención en la madre, pueden ir de aquí para allá sin volverse a ver dónde está, y cuando ella entra de nuevo no la buscan. Su juego no es elaborado, no ponen demasiado interés en él. Los niños con apego ambivalente-resistente (equivalente al preocupado en adultos) se aferran a su madre, tienden a jugar y a explorar menos, cuando la madre sale lloran desconsoladamente y son difíciles de calmar cuando se reúnen con ella. Estos niños exploran poco porque mantenerse junto a la madre es prioritario. Los niños con apego seguro son más curiosos y entusiastas jugando y se mantienen más tiempo en una actividad.

El significado de estas diferencias es que la madre en este caso, en general el cuidador principal, funciona como una base segura. Es el árbol que da sombra y cuya fruta suele estar rica. El niño que mejor explora es el que está conectado con el cuidador por un vínculo seguro, desde el que puede desarrollar más autonomía. Puede alejarse un poco, entretenerse mirando cómo deshacer algo en múltiples pedazos para ver de qué está hecho, pero de cuando en cuando echa un ojo a ver si el cuidador sigue ahí, y está pendiente. En cuanto ve que está ahí, puede seguir jugando.

Ahora que somos adultos, tenemos autonomía real, porque ya tomamos nuestras propias decisiones y podemos vivir de modo independiente, pero puede que no tengamos autonomía emocional.

Aprender a explorar forma parte del proceso necesario para adquirirla. ¿Qué quiere esto decir en concreto? Que **el proceso de adquirir seguridad no es únicamente un trabajo de introspección, no basta con mirar hacia adentro**, aunque es fundamental, y seguramente será el sitio para empezar. Cuando hayamos cargado un poco las baterías, tenemos que empezar a aventurarnos en el mundo, en las relaciones, en lo nuevo. Necesitamos **cultivar la curiosidad** e ir haciendo que esta sustituya al miedo como motivo central de nuestros actos.

Como todo lo importante, debe ir poco a poco y con paciencia, pero el sistema es similar al del juego de un niño. Encajamos una y otra vez las piezas, que no encajan, hasta que le agarramos el modo, y entonces empezamos otra vez. Como es muy probable que el **miedo** no haya desaparecido completamente de la ecuación, tendremos que llevarlo de **compañero de viaje.** Por eso es importante que no nos impongamos desafíos demasiado ambiciosos y que asumamos que muchas situaciones nos pondrán nerviosos al principio. A base de repetirlo, nos iremos habituando y el nerviosismo dará paso a la seguridad. Por ello los niños repiten, repiten y repiten. Nuestro trabajo es animarnos a explorar y, sobre todo, seguir haciéndolo cuando nos salga mal, una y otra vez. Podemos conseguir muchas cosas si tenemos paciencia con nosotros mismos.

Es posible que, si venimos de la inseguridad, las recompensas que se pueden conseguir por este trabajo de cambio en profundidad no nos resulten suficientemente motivadoras. No tuvimos la experiencia de sentir muchas veces o con mucha intensidad esas sensaciones positivas que estamos aprendiendo a desarrollar y, de momento, no son tan atractivas que nos animen a buscarlas. Detrás estamos tratando de dejar la sensación de miedo constante, pero también estaba ahí el control de lo viejo y conocido. Movernos hacia lo distinto lleva inevitablemente a cierta intensificación del miedo, y la seguridad es aún un horizonte muy lejano. Por ello:

Nos tendremos que recordar muchas veces por qué emprendimos el viaje, los inconvenientes del sitio del que venimos y poner la lupa en los pequeños cambios, los pequeños logros y los pequeños momentos en los que empezamos a intuir eso que queremos que crezca.

¿EN QUÉ CONSISTE ESTA EXPLORACIÓN?

No es nada exótico, se basa en pequeñas cosas. Intercambiar unas frases con la persona que nos atiende cuando vamos a comprar en lugar de hacerlo de modo mecánico. Quedarnos a tomar algo con el grupo con el que vamos a gimnasia cuando lo hacen en lugar de irnos a casa directamente. Apuntarnos a una actividad sin mucho entusiasmo para ver si le agarramos el gusto. Salir a dar una vuelta cuando nos entra la tentación de pasar una tarde más tirados en el sillón. En conjunto, salir al mundo, interaccionar con la gente, hacer cosas un poco distintas.

Y dependiendo de nuestro estilo de apego, podemos hacer experimentos personalizados:

- **Si somos más de estilo distanciante,** pararnos a ver cómo nos sentimos y qué notamos en el cuerpo cuando hacemos distintas cosas puede ser una buena rutina diaria. Cuando hablemos con otros, introduzcamos al menos una frase que empiece por «Me siento...». Preguntémosle al otro por sus sentimientos y prestémosle toda nuestra atención cuando nos lo cuente. Parémonos a pensar en las personas que han jugado un papel en nuestra vida y tratemos de notar qué representan para nosotros a nivel emocional. Contémosle a alguien algún recuerdo de nuestra infancia, haciendo memoria de cómo nos hizo sentir. No nos desanimemos si al principio no nos viene nada, es lo esperable: los cambios vendrán después de muchos ensayos.
- **Si somos más de estilo preocupado,** nuestros experimentos deben ir orientados a adquirir autonomía: hacer cosas solos (aunque pudiéramos tener compañía), aprender a soltar, dejar de jalar, permitir que los demás también se alejen y exploren. Pensemos en aquellas cosas que siempre solemos hacer con otros: quizás ir de compras, al cine, a pasear, a comer fuera... y simplemente por deporte hagámoslas solos. Si convivimos con alguien, busquemos unas horas para hacer cosas por nuestra cuenta. Si vamos a pedirle algo a alguien, a nivel emocional, preguntémonos primero si nos lo estamos dando a nosotros mismos (cuidado, reconocimiento, comprensión, etc.). Aprendamos formas de calmarnos, de consolarnos, de ayudarnos cuando estamos mal que no dependan de otras personas. Como en el caso anterior, al principio no funcionarán y pensaremos que no es posible si no hay alguien ahí, pero con el tiempo iremos adquiriendo más confianza.
- **Si no sabemos en qué grupo colocarnos,** porque vamos dando saltos de un lado a otro, nuestra tarea es ir hacia el

centro, hacer lo mismo, pero en una versión menos extrema. Por ejemplo, si oscilamos entre estar con una pareja y hacerlo todo con ella o estar solos y no vincularnos con nadie, tener más relaciones, de distintos tipos de intensidad, puede ser el cambio que necesitamos. Si pasamos de colapsar emocionalmente a desconectarnos, sea automáticamente o metiéndonos en actividades que no nos dejen pensar ni sentir, conectar de a poquito puede ser lo mejor. En realidad, los apegos distanciante y preocupado son los dos extremos de una dimensión en la que todos debemos situarnos, y debemos poder implicarnos y también poder tomar distancia. ¿Hasta qué punto? La respuesta pasa por la reflexión: internamente, por observar nuestras emociones y ayudar a modularlas, y externamente, por ver los matices de cada relación y decidir a partir de esa información qué tan íntima debe ser.

Volvamos, por última vez, a los personajes de los que hemos hablado. La exploración para **Lucía** fue darse una oportunidad de trabajar en lo que le gustaba. Para **Alma** fue explorar sus traumas en la terapia y resolverlos. **Pandora** aprendió a hacer cosas sola, y a hablarse para calmarse a sí misma, en lugar de multiplicar internamente su agobio. **Bernardo** ensayó con su amiga Clara el lenguaje emocional. **Marcial** conectó con la vulnerabilidad a través de su nieto e **Iván** empezó a reflexionar más gracias a su mujer y sobre todo a su hijo pequeño, que lo hizo más consciente de cuánto tendía a reproducir lo que menos le gustaba de lo vivido en su propia infancia. **Soledad** fue saliendo de su aislamiento, con un pequeño empujoncito de un antidepresivo que finalmente accedió a tomarse, pero sobre todo con la ayuda de su perro Lío, que se acercaba a todos los perros, y por lo tanto a sus dueños, y no le dejaba otro remedio que mantener conversaciones. Pasados los años, se atrevió a confiar de nuevo en alguien con quien pudo mantener una relación más segura. Cada uno siguió su ruta, pero lo que todos ellos tienen en común, el camino que recorrieron del miedo a la seguridad, pasó siempre a través de las relaciones con los demás.

Desde la reflexión veremos también qué cambios necesitamos nosotros. Ninguna receta genérica será aplicable a la persona única que somos, a nuestras necesidades y a nuestra forma de ser, que evolucionarán conforme vamos avanzando por la vida.

CONFIAR NOS DA SEGURIDAD

La única forma de saber si puedes confiar en alguien es confiando.

ERNEST HEMINGWAY

Peter Fonagy, de quien ya hablamos antes, definió un concepto que denominó **confianza epistémica.** Esta es la confianza en que hay autenticidad y relevancia en lo que los demás nos dicen. Gracias a ella, aprendemos unos de otros y evolucionamos como personas. Nacemos en un mundo opaco, donde el significado de las cosas, las relaciones y las costumbres no es obvio en sí mismo. Necesitamos nutrirnos de la información que viene de otras personas.

Muchas veces, como vimos en este libro, funcionamos desde la vigilancia autoprotectora. Cierta cautela también es natural, porque no nos interesa creernos cualquier cosa, pero a veces es bueno relajar esa vigilancia y sentir que lo que se nos dice es importante para nosotros. Si, por el contrario, rechazamos la comunicación, nos cuesta entenderla o la etiquetamos de entrada como malintencionada, no entrará nada nuevo en nuestra mente y tendremos más probabilidades de seguir en nuestros viejos esquemas, dirigidos por el miedo. Relacionarnos siempre en «modo supervivencia» no es un buen negocio.

Por supuesto que a veces toca pelear por lo nuestro, poner freno a lo que nos resulta dañino y defender nuestras opiniones. El tema es que no hagamos esto todo el tiempo.

Si luchamos cuando toca, en las batallas que valen la pena y en las que tenemos alguna posibilidad de ganar, seremos mucho más efectivos. Si las peleamos todas, incluso las batallas perdidas, no llegaremos muy lejos. Además, tiene sentido que nos enfrentemos con quienes sobrepasan nuestros límites o quieren privarnos de nuestros derechos, pero no es lógico que luchemos contra los que no nos hicieron nada y menos aún contra los que quieren ayudarnos. Incluso en las guerras, los compañeros tienen que trabajar juntos, coordinarse, priorizar objetivos, no atacarse entre ellos. En situaciones de adversidad compartida se establecen a veces vínculos muy potentes, y estas personas se convierten en un apoyo de gran importancia. Luego, cuando las guerras terminan, debemos sentarnos a compartir, a construir, a sembrar. **Pero el mayor problema cuando acaban las guerras es interiorizar que terminaron, que no hay que seguir luchando, que no hay que seguir alerta.** Si tomamos por enemigos a quienes no lo son, nuestra actitud defensiva activará en el otro el alejamiento o la defensa, y acabaremos viendo que esa persona no nos mira bien, autoconfirmando nuestra hipótesis de que la gente no nos acepta o que tiene malas intenciones. Nuestras relaciones pasadas son experiencias con unas personas concretas, que no tienen por qué marcar cómo sería la cosa con alguien totalmente distinto ni representan a la totalidad del mundo. Concluir esto es, literalmente, hacer pagar a justos por pecadores, algo que no nos gustaría que nos hicieran a nosotros.

Si nuestra posición defensiva y nuestra alerta son muy marcadas, nuestra respuesta en las relaciones puede estar congelada y podemos sentirnos totalmente incapaces de confiar en los demás y en lo que nos dicen. Esto puede derivarse de experiencias personales traumáticas con personas importantes de nuestra historia, desde las que sentamos la predicción de que el resto del mundo será igual. Sin embargo, esta rígida desconfianza nunca dejará entrar la información de que quizás no todo el mundo es así, o conoceremos a personas que no podríamos definir como dañinas, pero no los contabilizaremos cuando pensemos en «todo el mundo».

Esta desconfianza influye no solo en nuestro estado emocional, sino en qué tan fácil o difícil nos resultará mejorarlo si tenemos un problema. Por ejemplo, una persona con depresión que está abierta a explorar lo que le pasa, a buscar ayuda y ser receptiva a ella y a explorar las alternativas que se le proponen puede mejorar relativamente rápido. Sin embargo, vemos en consulta a muchos pacientes que se oponen a cualquier propuesta, que rechazan de entrada posibles explicaciones para lo que les ocurre diciendo que eso ya lo saben o que no les sirve, sin haberse parado mínimamente a pensar sobre ello. Algunas personas parecen venir a terapia, paradójicamente, a demostrar que nadie puede ayudarlos o a rebatir los argumentos del terapeuta. Por supuesto, esto no es en absoluto consciente ni intencionado, pero puede tener que ver con esta desconfianza nuclear que configura su manera de ver el mundo. Y cuando desconfiamos de quien podría ayudarnos, al menos en parte, esta desconfianza ya dejó de funcionar como un mecanismo protector. Nos está perjudicando seriamente.

¿Por dónde podemos entonces llegar a la confianza y, a través de ella, a la seguridad?

El primer paso es **adquirir perspectiva,** tomar conciencia de cómo funcionamos, por qué desarrollamos esos patrones y del efecto que producen. Entender es siempre el primer paso para cambiar. Además, esto puede hacer que no nos arrastre la tendencia automática y que podamos introducir cambios voluntarios en nuestros patrones.

El segundo paso es, como decíamos en el capítulo anterior, **abrirnos al mundo.** En los lugares donde nuestra desconfianza nuclear nos había impedido conectar con otros, introduzcamos el interés y la curiosidad. Observemos cómo funciona la gente, fijémonos en detalles a los que antes no prestábamos atención, escuchemos lo que nos dicen. Importante: hagamos esto sin ideas preconcebidas, sin dar nada por sentado, no dejemos que nuestras creencias nos filtren la información. Y, además, cuando veamos que alguien tiene una actitud negativa, no aprovechemos para reafirmarnos en el «¿Ves cómo no puedes confiar en nadie?»; cada hecho puntual es solo eso, un hecho puntual.

Esto llevará su tiempo, claro está, pero si vamos bajando la alerta, sacando nuestra lupa de lo amenazante y dirigiéndola, pacientemente, hacia la seguridad, tendremos la posibilidad de aprender a través de **asomarnos a la experiencia de los demás.** Como entenderemos mejor nuestras sensaciones y no estaremos tan centrados en protegernos ni en sentir control, iremos aprendiendo a mostrarlas con naturalidad y a compartirlas con el otro. Para poder hacer todo esto, debemos movernos en las relaciones sin tratar de provocar al otro para ver quién tiene razón y sin estar enfocados en ver si quieren influirnos en un modo perjudicial para nosotros. Por supuesto, tenemos que establecer esta comunicación con personas más receptivas, que sepan también confiar y que nos lo pongan fácil. Nuestros automatismos pueden llevarnos a intentarlo justo con aquellos con quienes ya llevamos tiempo teniendo problemas, y estaremos empezando por lo más difícil. Si solo nos relacionamos con una o dos personas y nuestra relación es complicada, es conveniente poner los medios para establecer nuevas relaciones.

Y, cuando ya nos manejemos en esto, podremos establecer relaciones basadas en **colaborar,** no en competir. El primer paso para colaborar es conocer al otro, sentir cercanía, conectar. Ello implica abrirnos, compartir lo que nos pasa por dentro, escuchar, escuchar de verdad, aprender otras perspectivas y otras formas de ver el mundo. Colaborar es aprender sobre la marcha, construir, sembrar. Esto no son palabras bonitas que se instalarán solo por repetirlas mentalmente, son horizontes hacia los que avanzar, son caminos que recorrer con paciencia.

La capacidad de influir de modo productivo en cómo nos sentimos por dentro y de abrirnos a la comunicación con los demás influye en nuestra capacidad para afrontar las dificultades de la vida, lo que se ha definido como **resiliencia.** La resiliencia no es lo mismo que la resistencia, lo primero tiene que ver con la flexibilidad y el movimiento; lo segundo, con la rigidez y la inmovilidad. Como decía antes, el camino del miedo a la seguridad es un proceso. Cuando veamos el efecto de los cambios en los que trabajamos pacientemente, empezaremos a sentir un elemento clave de la seguridad: saber que, pase lo que pase, lo manejaremos, de un modo u otro, que saldremos adelante porque tenemos recursos y porque contamos con gente que puede apoyarnos. La seguridad no viene de pensar que todo saldrá bien, porque la vida a veces se pone muy complicada. Tampoco se deriva de sentir que lo tenemos todo bajo control, porque tarde o temprano ocurrirán cosas impredecibles que escaparán a él. La seguridad crece con la curiosidad, la reflexión y la confianza.

El camino para llegar a la seguridad pasa a través del miedo, del miedo a mirarnos por dentro y a conectarnos con los demás, de atrevernos a empezar el viaje antes de que el miedo se haya diluido por completo. El miedo será nuestro motivo para emprender la aventura y nuestro compañero en buena parte de ella. En ese camino, el miedo, poco a poco, dejará su lugar a la seguridad. Un día, sin saber cómo, empezaremos a notar ese cambio. Otro día, seguramente, el miedo se reactivará, pero, si seguimos avanzando, cada vez que volvamos a conectar con la seguridad, la sensación será más clara, más profunda, más sólida. Entonces sabremos que llegamos a lo que siempre hemos necesitado.